# Dekorationen

## zur

# Hochzeit

SUSANNE HELMOLD

# Dekorationen zur Hochzeit

## Die schönsten Ideen für Ihr Fest

Mit Fotografien von Markus Hertrich

# Inhalt

# Vorwort

Feiern Sie lieber drinnen oder draußen? Planen Sie ein rauschendes Fest oder heiraten Sie im vertrauten Kreis? Mögen Sie's lieber romantisch-verträumt, klassisch-elegant oder doch eher puristisch? Wie auch immer Sie sich entscheiden, dieses Buch bietet feine Hochzeitsideen für jeden Geschmack. Denn erlaubt ist, was gefällt – gerade an Ihrem großen Tag!

Ob Schlosshochzeit, nostalgische Landpartie oder ein Festmahl im ehrwürdigen Rittersaal: Nicht zuletzt tragen die Dekorationen entscheidend zum Gelingen einer Feier bei und sorgen dafür, dass sich alle Gäste rundum wohl fühlen. Grund genug, selbst Hand anzulegen – Sie werden überrascht sein, wie einfach es ist, ein unnachahmliches Ambiente zu kreieren.

Von stilvollen Einladungs- und Menükarten, über Gedeckarrangements und Blumenschmuck in seiner facettenreichen Schönheit bis hin zu liebevollen Details wie samtige Ringkissen und zarte Pompadourbeutel: Die hier vorgestellten Ideen lassen sich allesamt leicht umsetzen und laden zu eigenen Experimenten ein. Verwendet werden unterschiedlichste Materialien; für die eingesetzten Techniken ist kein besonderes handwerkliches Geschick vonnöten. Das Ergebnis? Traumhafte Dekorationen – das A und O für Ihr unvergessliches Hochzeitsfest!

Viel Freude beim Aussuchen, Gestalten und Feiern wünscht Ihnen

*Susanne Helmold*

Es ist vollbracht – die Hochzeit ist beschlossene Sache! Bleibt nur noch zu entscheiden, in welchem Rahmen sie stattfinden soll ... Ganz nach dem Motto „ein Anlass, viele Möglichkeiten" haben Sie nunmehr freie Auswahl: von einem rauschenden Gartenfest, über einen stilvollen Empfang im Schlossgarten bis hin zu einer modernen Hochzeitstafel mit schlichtem Charakter.

Die folgenden Seiten dienen als Anregung und zeigen die ganze Vielfalt möglicher Hochzeitsdekorationen. Lassen Sie sich inspirieren!

# Welcher Stil?

# Hochzeit auf dem Schloss

Der Traum vom Glück: Immer mehr Schlösser und Gutshäuser öffnen ihre Tore und bieten Brautpaaren die Möglichkeit, Trauung und Hochzeitsfest in einem märchenhaften Ambiente zu feiern.

Vor einer herrschaftlichen Kulisse geht es kurz nach der Trauung zum Champagnerumtrunk in den Schlossgarten. Eine voluminöse Tüllschleife ziert das Büffet, das in den klassischen Farben Weiß und Grün gehalten ist. Über eine schlichte weiße Damasttischdecke fällt schweres, in der Mitte gerafftes Bauernleinen.

Das Champagneretikett verwandelt einen rustikalen Zinkeimer in einen außergewöhnlichen
Sektkühler.

Champagnerfarbene Rosen, arrangiert in einer
antiken Vase, setzen blumige Akzente.

Zarte Tüllschleifen umspielen die Tischecken;
lange, frisch geschnittene Efeugirlanden schlän-
geln sich filigran über das Büffet. Edles weißes
Geschirr, gravierte Gläser und ein silberner
Kerzenleuchter runden die Tischdekoration ab.

# Hochzeit im Rittersaal

Eskortiert von alten Rüstungen, wird im Rittersaal unter einem schmiedeeisernen Kronleuchter festlich aufgetischt. Die lange Tafel ist in weiße Damasttischdecken gehüllt, die sich an den Kopfenden unsichtbar raffen lassen. Im Kontrast zu den rustikalen Räumlichkeiten stehen feinstes weißes Porzellan, filigrane Gläser und Kerzenhalter aus schwerem Bleikristall.

Abendlicher Kerzenschein taucht das Arrangement in warmes Licht – und versetzt die Hochzeitsgesellschaft in Hochstimmung.

Ehrwürdiges Tafelsilber wird in durch-
scheinenden Tülltaschen arrangiert und mit
einer Satinschleife verziert.

Ein zarter Blumenstrauß unterstreicht die
klassische Kombination von Weiß und
Roséschattierungen. Als Vase dient ein weiß
gestrichener Weidenkorb, in dem ein aus-
gedientes Weckglas steht.

Die Menükarten stecken noch gerollt in einem
alten Emailleeimer.

Geschliffene Kristallgläser erinnern an glanzvolle Burgfeste vergangener Zeiten.

Breite Organza-Schleifen dekorieren liebevoll das Gedeck eines jeden Gastes.

# Romantische Hochzeit

Die Farben einer Hochzeitstafel müssen nicht immer in reinen Weißschattierungen gehalten sein – auch ein Tisch in Blau-Weiß passt zu einem festlichen Rahmen.
Liebevolle Details schaffen eine romantische Atmosphäre: Auf der Tischdecke liegen Rosenblätter verstreut, versilberte Kerzenleuchter dienen als edle Glanzpunkte, Kissen im Blümchenlook sorgen auf den weiß gestrichenen Gartenbänken für ausreichenden Sitzkomfort.

Ein Dreamteam par excellence: Weingläser aus ziseliertem Glas kombiniert mit zartem Porzellan in blau-weißem Dekor. Drapierte Rosen dienen als Tischschmuck und Tischkarte zugleich. Die Namen der Geladenen können Sie mit einem silbernen Lackstift auf die Blütenköpfe schreiben.

Auch elegante Lilienblüten im Duett mit Schleierkraut bereichern jede romantische Hochzeitstafel.

Der schlichte Strauß in Rosétönen, arrangiert in einer kelchförmigen Kristallvase, setzt farbige Akzente, ohne vom Gesamtarrangement abzulenken.

Erfrischung bringen blumige Eiswürfel. Hierzu kleine Rosenblüten vor dem Gefrieren absprühen und in herzförmige Eiswürfelbehälter legen. Diese zunächst nur zur Hälfte mit Wasser auffüllen. Nach zwei Stunden das restliche Wasser auffüllen und nochmals tiefkühlen.

# Gartenhochzeit

Im Schatten alter Apfelbäume lädt ein luftiges
Zelt mit weiß lasierten Holzbänken zum Ver-
weilen ein. Über die schlichte weiße Tischdecke
wird eine weiß-fliederfarben karierte Baumwoll-
tischdecke drapiert, an den Längsseiten mittig
bis zur Tischkante gerafft und mit einer groß-
blättrigen Blüte dekoriert. Das einfache, in Weiß
gehaltene Geschirr unterstreicht den schlichten
Charakter dieses Gartenfestes.

Der unkonventionelle Blumenstrauß wirkt wie frisch gepflückt.

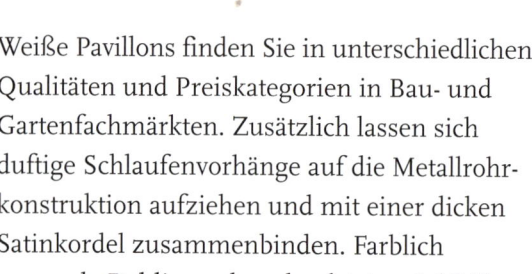

Weiße Pavillons finden Sie in unterschiedlichen Qualitäten und Preiskategorien in Bau- und Gartenfachmärkten. Zusätzlich lassen sich duftige Schlaufenvorhänge auf die Metallrohr-konstruktion aufziehen und mit einer dicken Satinkordel zusammenbinden. Farblich passende Dahlien geben den letzten Schliff.

Ein herzförmiger Buchsbaum-
kranz erinnert alle Beteiligten
an den Anlass des Festes.

Natürlich darf auch bei einem
Gartenfest die dreistöckige
Hochzeitstorte nicht fehlen!

# Moderne Hochzeit

Weniger opulent, aber dennoch dem feierlichen Anlass entsprechend, bestimmen helle, freundliche Farben diese puristisch anmutende Hochzeitstafel. Kombiniert wird reines Weiß mit hellen Naturtönen und frischem Grün. Ein Tischläufer aus Kokosfaser steht im Kontrast zu schlichtem weißen Geschirr mit wertvollem Golddekor. Für abendliches Dämmerlicht sorgen große cremefarbene Stumpenkerzen.

Anstelle des üblichen Blumenschmucks übernehmen frische Artischocken die florale Tischdekoration.

Der besondere Clou: Schwarz-
weiße Fotoabzüge aller Geladenen – fixiert mit einer
silbernen Klammer und einem
weißen Stück Kordel – zeigen
den Gästen ihren Sitzplatz.
Übrigens: Mit einigen Dankes-
worten auf der Rückseite
sind diese Tischkarten ein
originelles Give-away.

Das Brautpaar lebe hoch!
An alle Geladenen werden Konfetti oder Reis in mit silbernen
und goldenen Klammern ge-
schmückten Zellophantüten
verteilt.

# Landhochzeit

Vor nostalgischem Fachwerk, umgeben von weit-
läufiger Natur und blühenden Lavendelfeldern,
lässt sich eine unbeschwerte Landhochzeit feiern,
die niemand vergessen wird.

Eine aus weißen Rosen und Lilien gebundene
Blumengirlande verleiht der schlichten Damasttischdecke ihr gewisses Extra. Der Strauß mit
großblütigen Lilien verströmt ein zartes Aroma;
silberne Kerzenleuchter erhellen den Tisch in
der abendlichen Dämmerung.

Auch die kleinen Gäste kommen bei einer Landhochzeit, bei der es sich ausgelassen toben und spielen lässt, auf ihre Kosten.

Nebenan im alten Bauerngarten lädt eine schlichte weiße Baumbank zum Ausruhen ein. Die Menütafel in prächtigem Goldrahmen verrät die Speisenfolge des Hochzeitsmahls.

## MATERIAL UND WERKZEUG

Sperrholz (6 mm); Laub- oder Dekupiersäge; Kohlepapier; Acryllack transparent; Schleifpapier; Blattmetall Gold; Anlegemilch; Haarpinsel; Borstenpinsel; Schwämmchen; Zaponlack; Dekoband weiß
Vorlage S. 150

Vergoldete Initialen von Braut und Bräutigam schmücken die prächtige Blumengirlande. Ver-größern Sie die Buchstaben von der Vorlage mit einem Fotokopierer auf die gewünschte Größe; die hier abgebildeten Buchstaben haben eine Höhe von 20 cm. Übertragen Sie die Konturen mit Kohlepapier auf das Sperrholz und sägen Sie die Konturen mit einer Laub- oder Dekupiersäge aus. Glätten Sie die Kanten mit Schleifpapier. Streichen Sie die Buchstaben anschließend mit Acryllack und lassen die Farbe gut trocknen. Alternativ können Sie sich die Buchstaben auch bei einem Schreiner zusägen lassen.

Als Nächstes tragen Sie Anlegemilch mit einem feinen Borstenpinsel möglichst dünn und gleichmäßig auf die Buchstaben auf. Um das Blattmetall anlegen zu können, muss der Haftgrund erst 15 bis 20 Minuten trocknen. Dann vorsichtig ein Metallblatt auf die Holzoberfläche legen und mit einem Schwämmchen leicht andrücken. Auf diese Weise nach und nach die Initialen vergolden; die letzten Lücken mit Blattmetallschnipseln abdecken und wiederum mit Schwämmchen oder einem Haarpinsel niederdrücken. Sobald die Fläche vollständig belegt ist, kann das Blattmetall mit einem weichen Borstenpinsel in kreisenden Bewegungen in die Oberfläche „eingekehrt" werden. Bevor Sie die Oberfläche versiegeln, lassen Sie die Buchstaben zunächst einige Tage gut trocknen. Anschließend versehen Sie die Initialen mit einem schützenden Anstrich Zaponlack. Die Buchstaben mit weißem Dekoband an der Blumengirlande befestigen.

# Der Hochzeitstisch

Wohin mit den Geschenken?
Egal, für welchen Dekorations-
stil Sie sich entscheiden:
Spätestens wenn die ersten
Gäste eintreffen, sollte diese
Frage gelöst sein.

Weit mehr als bloße Ablage-
fläche, sind hübsch dekorierte
Hochzeitstische auf jeden Fall
ein Blickfang. Und mit den
richtigen Accessoires können
Sie diesen im Handumdrehen
inszenieren!

Auf einem länglichen Tisch
ergänzen sich hier duftige
Rosen, edle Kerzenleuchter
sowie ein träumender Engel.
Das zarte Stickdekor der Tischdecke harmoniert mit einer
langen Perlenkette und Efeu-
ranke, die das Arrangement
umspielen. Ein hauchzartes
Moskitonetz, unter der Decke
befestigt und mit Seiden-
blättern dekoriert, rahmt den
Hochzeitstisch stilvoll ein.

Vorfreude ist die schönste Freude: Mit individuell gestalteten Einladungen stimmen Sie alle Gäste bereits im Vorfeld auf Ihren großen Tag ein. Denn was gibt es Schöneres, als das eigene Glück mit lieben Mitmenschen von Anfang an zu teilen?

Stellen Sie Ihre Gästeliste möglichst frühzeitig zusammen – am besten verschicken Sie die Einladungskarten drei Monate vor dem geplanten Hochzeitstermin. Und nicht vergessen: Ort und Zeit der Trauung, Name der Kirche oder des Standesamtes, Ort und Zeit der Hochzeitsfeier und bis wann um Rückantwort gebeten wird!

# Die schönsten Einladungen

# Geprägtes Hochzeitspaar

## MATERIAL UND WERKZEUG

Papier weiß, geprägt mit Ornamenten; Pergamentpapier oder Papier weiß, handgeschöpft; Prägemetall silbern; Transparentpapier; Embossingstift oder

Kugelschreiber; Lackstift silbern; Zickzack-Schere; Schneideunterlage; Allzweckkleber; Kreppband; Lineal; Bleistift; Schere
Vorlage S. 153

Für die Karte ein Rechteck aus Prägepapier mit den Maßen 23,8 x 18,4 cm ausschneiden und mittig entlang der Längsseite falten. Übertragen Sie die Vorlage auf Transparentpapier. Schneiden Sie zwei Rechtecke mit den Maßen 8 x 10 cm sowie 5,7 x 6,8 cm aus Prägemetall aus. Platzieren Sie das kleinere Stück Prägemetall mit Kreppband mittig auf der Vorlage und legen beides auf links auf eine schnittfeste Unterlage. Ziehen Sie alle Linien der Vorlage mit einem Embossingstift oder Kugelschreiber nach. Drehen Sie das Prägemetall um und kleben es mittig auf das größere Prägemetall-Rechteck auf. Schneiden Sie den Rand knappkantig mit einer Zickzack-Schere ab. Kleben Sie das Motiv mittig auf die Vorderseite der Klappkarte. Für diese Karte benötigen Sie einen Umschlag mit den Maßen 18,7 x 12 cm. Für den Einladungstext falten Sie Pergamentpapier oder weißes handgeschöpftes Papier in den gleichen Maßen wie die Klappkarte und schreiben die Einladung mit silbernem Lackstift.

# Ausgestanztes „JA"

## MATERIAL UND WERKZEUG

Klappkarte weiß; Papier weiß, geprägt mit Ornamenten; Kohlepapier; Embossingstift; Cutter; Schneideunterlage; Leuchtkasten; Bleistift; evtl. Buchstabenschablone Vorlage S. 154

Manchmal sagt eine Einladungskarte mehr als tausend Worte. Auch wenn Sie sich für eine moderne Gestaltung ohne Spitze und Tüll entscheiden, so haben doch alle Hochzeiten eines gemeinsam: das Ja! Übertragen Sie die Vorlage „Ja" mit Kohlepapier auf die Vorderseite der Klappkarte. Die Konturen mit einem Cutter auf einer schnittfesten Unterlage ausschneiden. Aus geprägtem Papier eine Karte ausschneiden, die exakt das gleiche Maß wie die Außenkarte hat. Beschriften Sie die Karte auf der Innenseite mit allen Angaben zu Datum, Ort und Uhrzeit der Trauung. Alternativ können Sie das Motiv auch prägen. Verwenden Sie dazu handelsübliche Buchstabenschablonen sowie einen Leuchtkasten. Legen Sie die Schablone seitenverkehrt auf den Leuchtkasten (oder einfach ans Fenster kleben). Die Karte mit der Vorderseite nach unten auf die Schablone legen und die Buchstaben mit einem Embossingstift nachziehen.

# Spitzenkarte mit Reis

## MATERIAL UND WERKZEUG

Spitzenpapierkarte; Büttenpapier weiß oder handge-
schöpft; Organzastoff oder
Organzabeutelband; Reis;
Satinbändchen fliederfarben;
Klebeband doppelseitig;
evtl. Nähmaschine oder
Nähnadel; Nähgarn farblich
passend; Bügeleisen; Stoffschere; Schneiderkreide

seite doppelt und steppen die
Längsseiten schmalkantig ab.
Die Nahtzugabe auf die Hälfte
zurückschneiden, den Beutel
wenden und die Nähte bügeln.
Füllen Sie den Beutel mit zwei

Esslöffeln Reis, verschließen
ihn mit einer dekorativen
Schleife aus fliederfarbenem
Satinband und kleben ihn mit
doppelseitigem Klebeband
mittig auf die Karte.

Falten Sie die Spitzenpapierkarte entlang der Falzlinie. Für
die Innenkarte benötigen Sie
einen DIN A4-Bogen Büttenpapier bzw. handgeschöpftes
Papier. Kleine Organzabeutel
lassen sich aus weißem Organzastoff schnell und einfach
selber nähen; Sie können hierfür auch Organzabeutelband
verwenden, das per laufenden
Meter im gut sortierten Bastel-
oder Kurzwarenhandel angeboten wird.
Für den Organzabeutel schneiden Sie ein Rechteck mit den
Maßen 18 x 6 cm zuzüglich
1 cm Nahtzugabe aus. Legen
Sie den Stoff entlang der Längs-

# Karte mit Organzaherz

## MATERIAL UND WERKZEUG

Blütenpapier handgeschöpft;
Tonpapier fliederfarben;
Organzastoff weiß;
Satinbändchen fliederfarben;
Seidenblätter rosafarben;
Zickzack-Schere; Cutter;
Schneideunterlage; Klebeband
doppelseitig; Metalllineal;
Bleistift; Schere; Nähmaschine;
Nähgarn farblich passend;
Stoffschere; Schneiderkreide
Vorlage S. 149

Aus handgeschöpftem Blütenpapier ein Rechteck mit den
Maßen 35 x 22 cm schneiden –
den Rand knappkantig mit der
Zickzack-Schere gestalten und
entlang der Längskante mittig
falten. Die Karte wieder aufklappen; für den Ausschnitt
auf der Vorderseite mit Lineal
und Bleistift mittig und 3,5 cm
unterhalb der oberen Kante den
Ausschnitt markieren und mit
einem Cutter ausschneiden.
Für die Innenkarte aus fliederfarbenem Tonpapier ein Rechteck mit den Maßen 34 x 21,5 cm
zuschneiden und entlang der
Längskante falten.

Aus doppelseitigem Klebeband
5 mm breite Streifen schneiden
und den Ausschnitt der äußeren Karte einmal damit knappkantig umkleben. Ein 50 cm
langes Stück Satinband abschneiden und auf das doppel-
seitige Klebeband kleben. Das
Satinband an den Ecken zu
einer engen Schlaufe legen und
mittig am unteren Rand zu
einer Schleife binden.
Für das Blütenherz die Vorlage
auf doppelt gelegtem Organzastoff platzieren, die Kontur mit
Schneiderkreide umfahren und
mit einer Nahtzugabe von 4 cm
ausschneiden. Umsticken Sie
die Kontur mit der Nähmaschine im engen Zickzack-Stich.
Für die Füllung lassen Sie eine
Öffnung von 3 cm entlang der
Herzspitze. Nun fünf bis sieben
Seidenblätter einfüllen und das
Organzaherz zunähen. Mit der
Zickzack-Schere den Rand
knappkantig abschneiden.
Abschließend das Herz dem
Ausschnitt der Außenkarte ent-
sprechend mit doppelseitigem
Klebeband auf der Innenkarte
fixieren.

Herzlich willkommen! Eine liebevoll dekorierte Eingangstür, der Begrüßungstrunk in eigens gestalteten Gläsern, serviert auf einem passend verzierten Tablett ... Sie werden sehen: Ihre Gäste fühlen sich auf Anhieb wohl und das Fest kann beginnen!

Ob Blumengirlanden oder Rebenherzen, Sektflöten oder Aperitifgläser mit Versgravur: Die hier vorgestellten Begrüßungsideen lassen sich auch für Raumschmuck und Tischdekoration hervorragend einsetzen. Übrigens: Am besten beschränken Sie sich bei der Raumgestaltung auf zwei bis drei Farbtöne. Dies wirkt schlicht und elegant zugleich.

# Zur Begrüßung

# Laternenlicht

### MATERIAL UND WERKZEUG

Stablaterne (Gartencenter, Baumarkt); Dekobänder weiß, verschiedene Breiten; Holzrundstäbe ø 27 mm, 130 cm lang; Fuchsschwanz; Gehrungslade; Schmirgelpapier; Metallbohrer ø 3 mm; Akkuschrauber; Holzschrauben klein; Acrylfarbe weiß; Pinsel; Klebeband doppelseitig; Teelicht; evtl. Heißklebepistole

Eigentlich für den Garten gedacht, lässt sich diese Laterne mit nur wenigen Handgriffen in eine romantische Hochzeitsdekoration für den Eingangsbereich umwandeln.

Als Erstes die ursprüngliche Halterung aus der Stablaterne ziehen. Sodann den Rundstab in einer Gehrungslade gerade absägen und die Enden jeweils mit Schmirgelpapier glätten. Den Rundstab mit weißer Acrylfarbe streichen und die Farbe trocknen lassen.

Den Rundstab in die Laterne stecken und durch den Metallschaft der Laterne mit dem Metallbohrer zwei Löcher bohren. Zwei kleine Holzschrauben durch das Metall in das Holz eindrehen, sodass der Schaft fest mit dem Rundstab verbunden wird.

Um den Schaft mehrere weiße Dekobänder zu einer Schleife binden. Das Ende des Holzrundstabes am Boden z. B. mit doppelseitigem Klebeband fixieren, je nach Bodenbelag können Sie auch Heißkleber verwenden.

# Rebenherz

## MATERIAL UND WERKZEUG

Hortensienblüte; Rebenherz;
Acrylfarbe weiß; Satinkordel
weiß, 70 cm lang; Dekoband
weiß, 70 cm lang; Pinsel;
Gartenschere

Dekorative Formen aus gebo-
genen Rebenästen sind im
Floristen- ebenso wie im gut
sortierten Hobbyfachhandel
erhältlich. Passend zum Anlass,
eignet sich die Herzform als
ausgefallene Dekorationsidee.
Das Rebenherz mit weißer
Acrylfarbe streichen und trocknen lassen. Die Satinkordel
sowie das Dekoband um das
Herz wickeln, eine Hortensienblüte einlegen und zu einer
Schleife binden.
Das Herz können Sie als Will-
kommensgruß an die Tür
hängen oder als Wandschmuck
verwenden.

# Blumengirlande

## MATERIAL UND WERKZEUG

Blumengirlanden aus Seiden- oder echten Blüten; Tüllstoff weiß, 1,50 m breit, Länge dreimal Rahmenmaß der Tür; 2 Nägel; Nylonfaden;

Gartenschere; evtl. Silberdraht; evtl. Drahtzange

Die Eingangstür, aber auch Stühle oder ein Festsaal lassen sich hervorragend mit Blumengirlanden dekorieren. Bei der Zusammenstellung sollten nicht mehr als zwei Farben verwendet werden.

Als Erstes den Tüllstoff der benötigten Länge entsprechend in 50 cm breite Streifen schneiden und zusammenraffen.

Die Blumengirlanden jeweils an den Enden miteinander verbinden, beispielsweise verknoten oder mit Silberdraht fixieren. Je nach Budget und Jahreszeit können Sie dieses florale Arrangement aus Seidenblumen oder frischen Blumen zusammenstellen.

Nun die Tüllstreifen gleichmäßig um die Blumengirlande wickeln. Abschließend befestigen Sie die Girlande an zwei im Türrahmen angebrachten Nägeln mit einem Stück Nylonfaden.

# Sektgläser mit Figurengravur

### Material und Werkzeug

2 Sektgläser; Transparentpapier; Gravurset; Kreppband; Filzstift schwarz; Schutzbrille; Lappen; Spiritus oder Spülmittel; evtl. Filz schwarz
Vorlage S. 153

**Tipp:** Sind die Umrisse einmal vorgraviert, können Sie die Papiervorlage entfernen. Um die Konturen sauber nachzuziehen, am besten schwarzen Filz ins Glas stopfen. So lässt sich die Gravur beim Arbeiten besser erkennen.

Vor der Gravur reinigen Sie die Glasoberfläche am besten mit Spiritus oder Spülmittel. Übertragen Sie nun die Konturen von Braut und Bräutigam auf Transparentpapier. Sodann die Vorlage mit Kreppband auf die Innenseite des Glases kleben. Zunächst ritzen Sie die äußeren Konturen mit einem Diamantschleifstift so lange nach, bis saubere Umrisse entstehen. Arbeiten Sie nun die Details der Figuren aus.
Schreiben Sie die Namen der Brautleute mit einem schwarzen Filzstift unterhalb der Figuren auf das Glas und gravieren die Kontur ebenfalls mit einem Diamantschleifkopf. Überschüssigen Staub entfernen Sie am besten mit einem feuchten Lappen. Achtung! Tragen Sie beim Gravieren unbedingt eine Schutzbrille, um Augenverletzungen zu vermeiden.

# Wassergläser mit Monogramm

## MATERIAL UND WERKZEUG

Wassergläser; Transparentpapier; Gravurset; Kreppband;
Filzstift schwarz; Schutzbrille;
Lappen; Spiritus oder Spülmittel; Küchenkrepp; evtl. Filz
schwarz
Vorlage S. 151

**TIPP**
Damit es Ihr schönster Tag
wird ...
bieten professionelle
Dienstleister Ideen und
Materialien zur Ausstat-
tung Ihres Festes.
Siehe Seiten 158 und 159

Feinschliff von eigener Hand:
Auf schlichte Wassergläser
werden die Monogramme der
Geladenen eingeritzt. Auch
diese Dekorationsidee eignet
sich als persönliches Souvenir
für Ihre Gäste.
Die Glasoberfläche mit etwas
Spiritus oder Spülmittel reinigen. Die Vorlage an einem
Kopiergerät vergrößern, auf
Transparentpapier mit schwarzem Filzstift übertragen und
auf der Innenseite des Glases
mit Kreppband fixieren.
Die Umrisse mit dem Kugel-
schleifer sauber nachfräsen.

Diesen Vorgang so lange wiederholen, bis eine saubere
Kontur entsteht.
Anschließend die Innenfläche
mit dem Karbidstift mattieren.
Dabei immer nur in eine Rich-
tung arbeiten, damit die mat-
tierten Bereiche gleichmäßig
aussehen.
Stopfen Sie die Gläser mit
etwas schwarzem Filz aus, so
lässt sich die Gravur bei der
Bearbeitung besser erkennen.
Achtung! Schutzbrille nicht
vergessen.

# Tablett mit Spitzenpapier

## MATERIAL UND WERKZEUG

Holztablett; Spitzenpapier kreisförmig, ø 30 cm; Acrylfarbe hellblau; Acryllack transparent; Pinsel

Streichen Sie das Tablett mit hellblauer Acrylfarbe, die Holzoberfläche sollte hierfür fett- und staubfrei sein. Trocknen lassen. Sodann im zu dekorierenden Bereich transparenten Acryllack auftragen und das

Spitzenpapier vorsichtig auflegen. Mit dem Pinsel glätten und trocknen lassen.

Das Spitzenpapier sowie das gesamte Tablett abschließend mit transparentem Acryllack versiegeln.

# Aperitifgläser mit Versgravur

## MATERIAL UND WERKZEUG

Aperitifgläser; Transparentpapier; Gravurset; Kreppband;
Filzstift schwarz; Schutzbrille;
Lappen; Spiritus oder Spülmittel; evtl. Filz schwarz

Ein Vers oder ein dem Anlass
entsprechendes Gedicht dienen
als Vorlage für diese Aperitifgläser, die sich übrigens hervorragend als Gastgeschenke
eignen.
Die Gläser vor der Gravur mit
Spiritus oder Spülmittel reinigen, sodass die Oberfläche
fett- und staubfrei ist.
Wählen Sie ein Gedicht oder
einen Trinkspruch, erstellen Sie
eine Vorlage, die Sie auf der Innenseite des Glases befestigen,
und gravieren Sie die Wörter
rund ums Glas ein. Stopfen Sie
die Gläser mit etwas schwarzem
Filz aus, so lässt sich die Gravur
bei der Bearbeitung besser
erkennen. Bei dieser Arbeit die
Schutzbrille nicht vergessen!

Der Ringtausch kann auf eine lange und facettenreiche Geschichte zurückblicken. Zu Zeiten des Brautkaufs beispielsweise legte der Bräutigam seiner Zukünftigen einen Armreif an, bekannt unter dem Namen „Ehefessel". Und natürlich gelten die Ringe gestern wie heute als Symbol für das gegenseitige Eheversprechen.

Damit die Schmuckstücke im entscheidenden Moment zur Stelle sind, können Sie Ihre Trauzeugen mit einem Ringbeutel oder einem dekorativen Ringkissen überraschen. Ganz bestimmt finden Sie in Ihrem Haushalt noch Reststücke edler Stoffe, die sich im Handumdrehen entsprechend verarbeiten lassen!

# Ringkissen und Ringbeutel

# Damastkissen mit Perlenrand

MATERIAL UND WERKZEUG

Damast weiß; Füllwatte; Wachs-
perlen weiß; Nähmaschine;
Nähgarn farblich passend;
Nähnadel; Bügeleisen;
Stoffschere; Schneiderkreide

Aus weißem Damast zwei
Quadrate à 15 x 15 cm zuzüglich
1,5 cm Nahtzugabe ausschneiden. Die Stoffquadrate rechts
auf rechts legen und bis auf
eine Öffnung von 6 cm zusammennähen. Den Saum auf
8 mm zurückschneiden und
das Kissen wenden.
Die Nähte mit dem Bügeleisen
dämpfen und das Kissen mit
Füllwatte so stopfen, dass es
nicht allzu prall gefüllt ist. Die
verbliebene Öffnung von Hand
zunähen. Abschließend die
Wachsperlen im Abstand von
1,5 cm am Rand aufnähen.

# Seidenkissen mit Goldborte

## MATERIAL UND WERKZEUG

Seide champagnerfarben; Gold-borte; Füllwatte; Nähmaschine; Nähgarn farblich passend; Nähnadel; Bügeleisen; Stoffschere; Schneiderkreide

Aus champagnerfarbener Seide zwei Quadrate à 15 x 15 cm zu-züglich 1,5 cm Nahtzugabe aus-schneiden. Die Stoffquadrate rechts auf rechts legen und bis auf eine Öffnung von 6 cm zu-sammennähen. Den Saum auf 8 mm zurückschneiden und das Kissen wenden.
Die Nähte mit dem Bügeleisen dämpfen und das Kissen mit Füllwatte gleichmäßig aus-stopfen. Die verbliebene Öff-nung von Hand zunähen. Die Goldborte von Hand an den Kissenrand nähen, dabei die Goldborte an den Ecken jeweils zu einer Schlaufe legen.

# Organzabeutel mit Rocailles-Perlen

## MATERIAL UND WERKZEUG

Organzastoff rosafarben; Rocailles-Perlen transparent; Blüten; Nähmaschine; Nähgarn farblich passend; Nähnadel; Bügeleisen; Stoffschere; Schneiderkreide; Sicherheitsnadel; Papier; Bleistift, Lineal; evtl. Blüten kleinknospig

Alternativ zu einem Kissen lassen sich Trauringe stilvoll in einem passenden Beutel aufbewahren.

Als Erstes ein Schnittmuster von 14 x 8 cm erstellen. In dieser Größe vier Rechtecke (zwei für den Außen- und zwei für den Innenbeutel) zuzüglich 1,5 cm Nahtzugabe sowie 4 cm Zugabe an der oberen Beutelkante für die Ziehvorrichtung zuschneiden.

Als Nächstes die Oberstoffteile rechts auf rechts aufeinander legen, heften und bis 4 cm an die obere Stoffkante zusammensteppen. Die beiden Futterteile ebenso zusammennähen.

Die Nahtzugaben auseinander bügeln. Dann den Außenbeutel auf rechts verstürzen.

Das Futter links auf links in den Beutel schieben, sodass die Nähte übereinstimmen. Die Futteralzugabe von Außen- und Innenbeutel 4,5 cm und dann 3 cm parallel zur Oberkante absteppen, um einen Tunnel für das Einziehband zu schaffen. Oberstoff und Futter rechts auf rechts an der Oberkante bis auf einen Schlitz von 4 cm

zusammennähen, auf rechts drehen und die verbliebene Öffnung mit einigen Stichen von Hand zunähen. Entlang der Öffnung im Abstand von 1,5 cm Rocailles-Perlen annähen.

Für die Ziehvorrichtung benötigen Sie zwei lange Schnüre. Jede ist doppelt so lang wie die Beutelbreite zuzüglich 15 cm. Aus Organza ein entsprechend langes Stück zuschneiden und daraus zwei Bänder nähen. Die Bänder wie folgt einziehen: Ein Ende an einer Sicherheitsnadel befestigen, durch die Öffnung der Seitennaht in den Tunnel einführen, rundum durch- und aus der Eingangsöffnung wieder herausziehen. Die Enden des Bandes zusammenziehen. Das andere Band auf die gleiche Weise durch die gegenüberliegende Öffnung einziehen.

Der Ringbeutel kann ganz nach Belieben mit einzelnen Blüten dekoriert werden.

# Samtener Ringbeutel

## MATERIAL UND WERKZEUG

Samt weiß; Futterstoff weiß; Brokatborte gold; Satinkordel weiß, 40 cm lang; Nähmaschine; Nähgarn farblich passend; Nähnadel; Bügeleisen; Stoffschere; Schneiderkreide

Ein schönes Requisit für die Trauzeugen ist dieser Ringbeutel aus weißem Samt: Zunächst je zwei Rechtecke in 8 x 13 cm zuzüglich 2 cm Nahtzugabe aus Samt und Futterstoff zuschneiden. Die Oberstoffteile rechts auf rechts aufeinander legen, heften und bis auf die Oberkante zusammensteppen. Die beiden Futterteile ebenso zusammennähen. Die Nahtzugaben auseinander bügeln.

Dann den Außenbeutel auf rechts verstürzen. Das Futter links auf links in den Beutel schieben, sodass die Nähte übereinstimmen. Die Öffnungen beider Beutel rechts auf rechts aufeinander legen und zusammennähen.
Die Öffnung mit Brokatborte umnähen. Als Halteschlaufe eine 40 cm lange weiße Satinkordel auf der Innenseite annähen.

Genießen à la carte: Mit der Buchung des Festsaals beginnt die Planung des Hochzeitsmenüs. Ist die Speisenfolge festgelegt, stellt sich die Frage nach ihrer dekorativen Präsentation. Denn Sie wissen ja: Das Auge isst mit!
Von der klassischen Menükarte im geprägten Umschlag, über selbst gefertigte Menütafeln bis hin zu beschrifteten Weinflaschen – Gestaltungsmöglichkeiten gibt es für jeden Geschmack.

In Druckereien finden Sie übrigens Musterbücher mit Vorschlägen zu Illustrationen, Schriften und Texten. Bleibt nur noch die Qual der Wahl ...

Hochzeitsmenü

Gemüse - Consommé

☆

Gefüllte Poularde
mit
Ingwersauce

☆

Kaninchenterrine

☆

Sorbet von grünem Tee

# À la carte –
# Menükarten für
# jeden Geschmack

# Kerze mit Menüaufdruck

## MATERIAL UND WERKZEUG

Stumpenkerze weiß; Kerzenfolie silbern; Kerzenschutzlack; Pinsel; Kugelschreiber; Kreppband

Kleben Sie die Kerzenfolie mit Kreppband mit der glänzenden Seite nach oben auf die Kerze. Schreiben Sie die Menüfolge mit einem Kugelschreiber auf die Folie. Anschließend die Folie vorsichtig abziehen. Versiegeln Sie die Oberfläche mit Kerzenschutzlack.

# Goldrahmen

## MATERIAL UND WERKZEUG

Bilder- oder Spiegelrahmen
vergoldet; Sperrholzplatte;
Schleifpapier 240er Körnung;
Tafellack schwarz; Schaum-
stofflackierrolle; Drahtstifte;
Maßband; evtl. Dekoband und
Bilderrahmenaufhänger zum
Aufhängen

Der richtige Rahmen für Ihr
Hochzeitsmenü: Bestimmen
Sie mit einem Maßband die
Innenmaße des Rahmens so-
wie die Stärke der einzusetzen-
den Tafel. Lassen Sie sich eine
entsprechende Sperrholzplatte
im Baumarkt oder bei einem
Schreiner zusägen.
Glätten Sie die Kanten sowie
die Oberfläche mit feinem
Schleifpapier, sodass überschüs-
sige Holzfasern entfernt werden.
Lackieren Sie die Vorderseite
mit schwarzem Tafellack.
Nach dem Trocknen die Lack-
oberfläche mit feinem Schleifpapier abschleifen. Diesen Vorgang so lange wiederholen, bis
eine ganz glatte Oberfläche ent-
standen ist. Die Tafel mit mehreren Drahtstiften im Rahmen
befestigen.

# Weinflasche mit Menükarte

### MATERIAL UND WERKZEUG

Weinflasche; Briefpapier edel;
Lurexband silbern, 4 mm breit;
Klebeband doppelseitig;
Schere; Lineal; Bleistift;
evtl. Computer

Legen Sie die Weinflasche in
ein warmes Wasserbad und
lösen Sie das Etikett nach etwa
5–10 Minuten ab.
Schreiben Sie das Hochzeitsmenü am Computer oder
lassen Sie sich die Menüfolge
in einer Druckerei erstellen.

Schneiden Sie das Menüblatt
der Höhe des Flaschenbauches
entsprechend zu und kleben es
mit doppelseitigem Klebeband
auf.
Abschließend dekorieren Sie
die Menükarte mit einem
schmalen, silbernen Lurexband.

# Spitzen-Menü

### MATERIAL UND WERKZEUG

Spitzenpapier rechteckig;
Computer oder Lackstift silbern

Bedrucken Sie das Spitzenpapier mit dem Hochzeitsmenü
mit Ihrem Computerdrucker.
Alternativ können Sie die
Karten auch von Hand mit
einem silbernen Lackstift
beschriften.

# Geprägte Motivkarte

## MATERIAL UND WERKZEUG

Papier weiß, geprägt mit
Ornamenten; Satinbändchen
hellblau; Prägemetall silbern;
Transparentpapier; Pergament-
papier; Embossingstift oder
Kugelschreiber; Filzstift
schwarz; Lackstift silbern;
Cutter; Zickzack-Schere;
Schneideunterlage; Allzweck-
kleber; Kreppband; Metall-
lineal; Bleistift
Vorlage S. 149

Schneiden Sie die Karte aus ge-
prägtem Papier mit den Maßen
21 x 32 cm aus. Falten Sie das
Rechteck mittig entlang der
Längsseite. Die Karte wieder
aufklappen und auf der Vorderseite für den Ausschnitt mittig
mit einem Lineal ein Rechteck
von 9 x 12 cm markieren.
Schneiden Sie das Rechteck mit
einem Cutter auf einer schnittfesten Unterlage entlang eines
Metalllineals aus. Sodann diese
Kontur knappkantig mit einer
Zickzack-Schere nacharbeiten.
Übertragen Sie die Vorlage auf
Transparentpapier. Platzieren
Sie das Prägemetall mittig auf
der Vorlage und drehen beides
auf links auf die Schneideunter-

lage. Ziehen Sie die Konturen
mit einem Embossingstift oder
einem Kugelschreiber nach.
So tritt das Motiv auf der Vorderseite des Metalls plastisch
hervor.
Schreiben Sie die Initialen des
Brautpaares spiegelverkehrt
unterhalb der Torte mit einem
schwarzen Filzstift und prägen
diese in die Metallfolie. Schnei-

den Sie das Prägemotiv mit
einer Schere etwas größer als
den Kartenausschnitt aus und
kleben es auf der Innenseite
der Karte fest.
Ein Pergamentpapier in der
Größe der Karte falten, mit der
Menüfolge in Silber beschriften
und einlegen. Zum Schluss mit
einem hellblauen Satinband
den Kartenfalz einfassen.

# Menükarte im geprägten Umschlag

## MATERIAL UND WERKZEUG

Briefbögen handgeschöpft
oder Büttenpapier; Kuverts;
Embossingstift fein; Buchstabenschablone; Leuchtkasten

Für diese edel anmutende
Menükarte benötigen Sie ledig-
lich Briefpapier mit passenden
Umschlägen. Besonders dekorativ sind Bütten- oder weißes,
handgeschöpftes Briefpapier.
Haben Sie eine schöne Schrift,
können Sie die Menüfolge einfach von Hand auf den Briefbo-
gen schreiben. Oder aber Sie
entwerfen die Karten am Computer beziehungsweise lassen
Sie in einer Druckerei anfertigen.

Für die Kuvertgestaltung legen
Sie die Buchstabenschablone
umgedreht auf den Leuchttisch
und positionieren den Briefum-
schlag mit der Rückseite nach
oben auf die jeweiligen Buchstaben. Ziehen Sie die Konturen
mit einem feinen Embossingstift nach. Achten Sie dabei auf
gleiche Abstände zum oberen
und unteren Rand.

Braut und Bräutigam gebührt der Ehrenplatz an der Hochzeitstafel – so viel steht fest. Doch wo sitzt der Rest der Hochzeitsgesellschaft? Sobald alle Rückmeldungen auf Ihre Einladungen eingetroffen sind, können Sie mit der Aufstellung der Tischordnung beginnen. Kein ganz leichtes Unterfangen ... Aber vielleicht hilft Ihnen ja jemand aus Ihrem Freundes- oder Verwandtenkreis?

Wie auch immer Sie sich entscheiden mögen – gerade bei Hochzeitsfeiern im größeren Rahmen sind Namensschilder empfehlenswert. Und dass diese nicht nur praktischen, sondern auch dekorativen Charakter haben, zeigt Ihnen das folgende Kapitel!

# Dekorative
# Platzkarten

# Geprägte Tischsets

### MATERIAL UND WERKZEUG

Papier mit getrockneten Blütenblättern, handgeschöpft;
Embossingstift; Buchstabenschablone; Leuchtkasten;
Bleistift; Schere; Metalllineal;
evtl. Kreppband

Zeichnen Sie zunächst auf
handgeschöpftem Blütenpapier
ein Rechteck in der gewünsch-
ten Größe auf. Dann die Rän-
der entlang des Metalllineals
vorsichtig abreißen.
Legen Sie die Buchstabenschablone mit der Vorderseite nach
unten auf den Leuchttisch;
alternativ können Sie diese mit
Kreppband auch einfach an
eine Fensterscheibe kleben. Die
Tischsets mit der Oberseite
nach unten auf die Schablone
auflegen und die einzelnen
Buchstaben mit einem Präge-
stift nachziehen.

# Miniaturstuhl

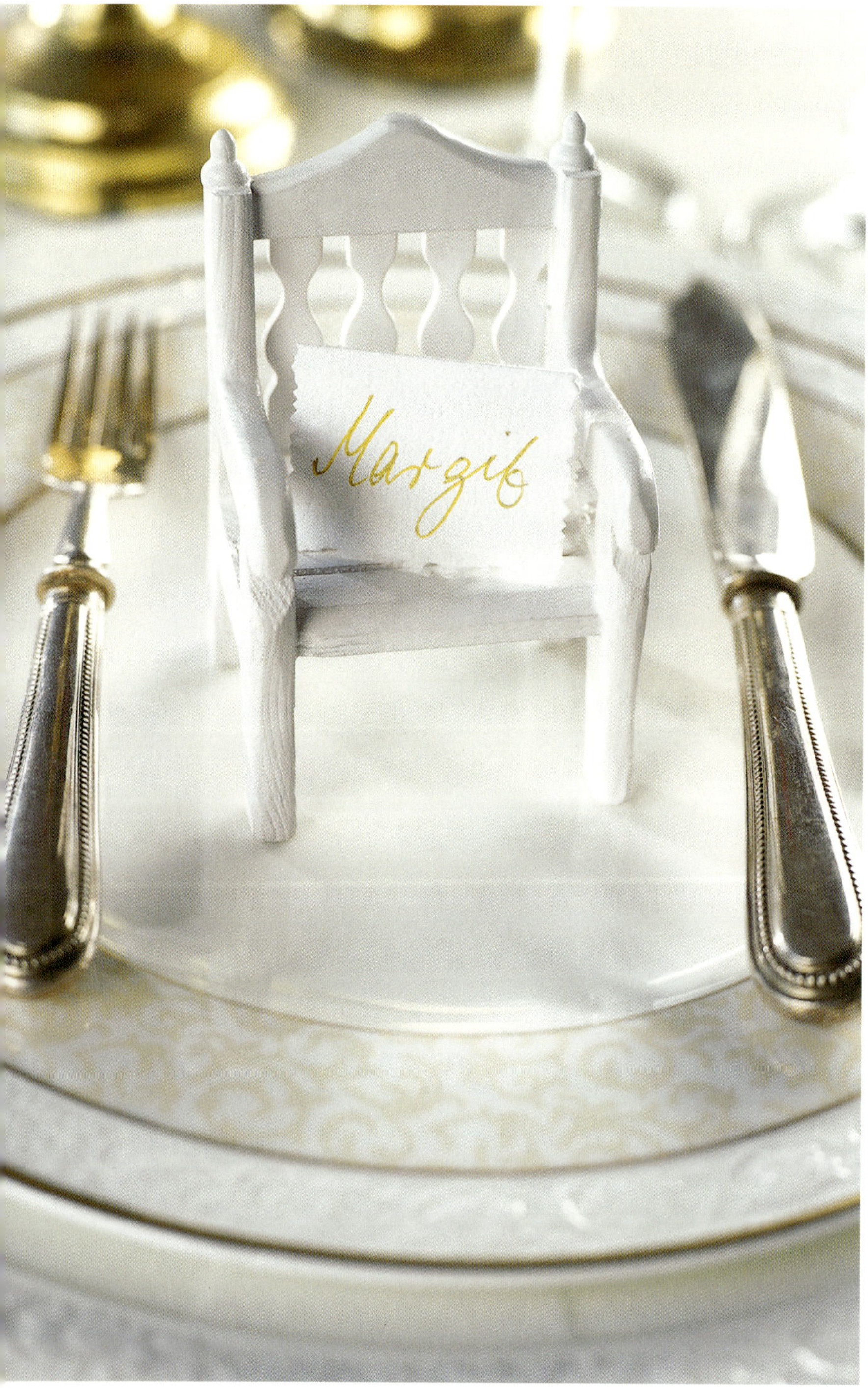


## Material und Werkzeug

Miniaturstuhl (Hobbyfachhandel, Spielzeugladen); Tonkarton weiß; Acrylfarbe weiß; Lackstift golden; Pinsel; Schere; Lineal; Bleistift

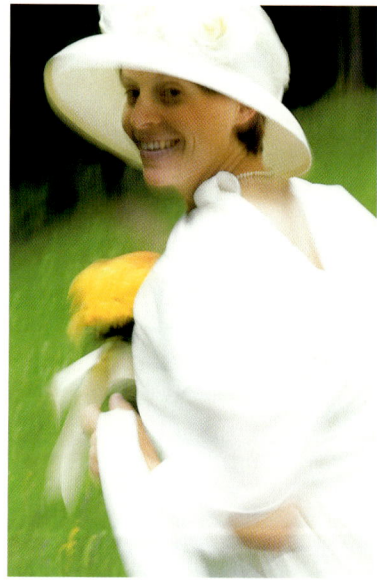

Als Erstes den Miniaturstuhl mit weißer Acrylfarbe streichen und trocknen lassen.
Aus Tonkarton schneiden Sie entsprechend große Kärtchen zu, beschriften diese in Gold und platzieren sie auf der Sitzfläche.

# Beschriftete Lorbeerblätter

## MATERIAL UND WERKZEUG

Lorbeerblätter frisch; Lackstift golden; evtl. Holzklämmerchen golden

Duftiges! Einfach frische Lorbeerblätter mit goldenem Lackstift beschriften und auf die Serviette legen. Als Variante können Sie die Blätter auch mit einer kleinen goldenen Holzklammer am Weinglas befestigen.

# Pralinenfähnchen

## MATERIAL UND WERKZEUG

Pralinen mit weißer Kuvertüre;
Papier cremefarben, handge-
schöpft; Lackstift silbern;
Zahnstocher; Papierrosetten;
Allzweckkleber; Metalllineal;
Bleistift

Aus handgeschöpftem Papier
kleine Etiketten in 6 x 3 cm
reißen. Zeichnen Sie das
Rechteck mit einem Bleistift
ein und reißen die Konturen
entlang eines Metalllineals
vorsichtig ab.
Das Papier von Hand in Silber
beschriften und um den Zahnstocher kleben. Je ein Namens-
schild in eine Praline stecken
und auf das Gedeck stellen.

# Fruchtige Initialen

### MATERIAL UND WERKZEUG

Birnen; Eiweiß; Kristallzucker; Zitronen; Küchenmesser fein; Filzstift fein; Buchstabenschablone;
Lebensmittelpinsel; Küchenkrepp

Die Birnen waschen und polieren. Mit einem feinen Filzstift und einer Schablone die Buchstaben
aufzeichnen. Dann schneiden Sie die Konturen
mit einem feinen Küchenmesser sauber aus.
Die eingeschnitzten Buchstaben mit Zitronensaft
einpinseln, damit das Fruchtfleisch sich nicht
verfärbt. Die Oberfläche gleichmäßig mit Eiweiß
einstreichen und mit Kristallzucker bestreuen.
Auf einem Stück Küchenkrepp trocknen lassen.

# Dekorative Tischkerze

### MATERIAL UND WERKZEUG

Stumpenkerze weiß; Kerzenfolie silbern;
Kerzenschutzlack; Pinsel; Kugelschreiber;
Buchstabenschablone; Kreppband

Die Kerzenfolie mit der glänzenden Seite nach
oben mittig auf die Stumpenkerze kleben. Die
Schablone auflegen und die gewünschte Kontur
mit einem Kugelschreiber ausmalen. Die Kerzenfolie vorsichtig abziehen. Versiegeln Sie die
Oberfläche anschließend mit Kerzenschutzlack.

# Geprägte Namensschilder

## MATERIAL UND WERKZEUG

Fotokarton weiß; Embossingstift; Buchstabenschablone;
Leuchtkasten; Schere; Bleistift;
evtl. Kreppband

Klassisch und edel: Aus weißem
Fotokarton ein Rechteck von 8 x
12 cm ausschneiden und in der
Mitte falten.
Die Schablone mit der Vorder-
seite nach unten auf den
Leuchttisch legen oder an die
Fensterscheibe kleben.
Die Namensschilder auflegen
und den jeweiligen Buchstaben
mit dem Embossingstift nach-
ziehen.

# Vergoldete Holzinitialen

## MATERIAL UND WERKZEUG

Fotokarton weiß; Netzblätter; Holzbuchstaben (Hobbyfach-handel); Acryllack transparent; Blattmetall golden; Anlegemilch; Zaponlack; Borstenpinsel; Haarpinsel; Allzweckkleber; Schere; Bleistift

Die Holzbuchstaben mit Acryl-lack versiegeln und trocknen lassen. Die Oberfläche mit Anlegemilch dünn und gleich-mäßig bestreichen, 15 Minuten antrocknen lassen, bis sich die Anlegemilch leicht klebrig anfühlt. Das Blattmetall aufle-gen und mit einem weichen Pinsel vorsichtig aufstreichen. Nach dem Trocknen das Blatt-metall mit einem Pinsel „ein-kehren", eventuelle Fehlstellen nachträglich mit Anlegemilch bestreichen und mit Gold auf-füllen. Nach 24 Stunden mit Zaponlack versiegeln. Aus weißem Fotokarton ein Recht-eck von 10,5 x 24 cm zuschnei-den und entlang der Längsseite mittig falten. Je ein Netzblatt und die entsprechenden Initia-len aufkleben.

# Kerzenrosette

Schleierkraut; Baumkerze hellblau; Papierrosette ø 5 cm; Etikett weiß; Satinband rosafarben; Kerzenhalter; Lackstift blau

Ein Kerzenhalter samt Papierrosette und eine hellblaue Kerze schmücken den Platzteller. Gestalten Sie das Arrangement mit Schleierkraut und rosafarbenem Satinband. Das Namensetikett mit blauem Lackstift beschriften und an den Kerzenhalter hängen.

# Perlenlettern

Wachsperlen perlmuttfarben ø 6 mm; Silberdraht ø 1 mm; Papier; Bleistift

Eine hübsche Idee für die Gedecke von Braut und Bräutigam: Zeichnen Sie mit einem Bleistift die entsprechenden Initialen auf einen Bogen Papier. Das eine Ende des Silberdrahtes verknoten und genügend Perlen auffädeln. Nach der Vorlage biegen, den Draht am Ende zu einer Schlaufe knoten.

# Lilien-Licht

## MATERIAL UND WERKZEUG

Lilienblüte rosafarben; Teelicht
rosafarben; Kerzenmalstift weiß;
Wasserglas; Gartenschere

Eine Lilie unterhalb der Blüte
abschneiden und in ein mit
etwas Wasser gefülltes Glas
stellen. Das Teelicht aus der
Aluminiumfassung nehmen,
mit weißem Kerzenmalstift
beschriften bzw. verzieren und
in den Blütenkopf stellen.

Das gewisse Extra für jedes Gedeck: Mit wenigen Handkniffen können Sie aus schlichten Servietten, gerade in Kombination mit Blumen, kleine Kunstwerke zaubern. Zarter Organzastoff umhüllt das Besteck – und lässt Messer und Gabel zum Hingucker werden ...

Zwei Tipps vorab: Damit die verwendeten Blüten möglichst lange frisch wirken, sollten sie erst kurz vor Beginn der Feierlichkeit arrangiert werden. Faltvarianten lassen sich am besten mit gestärkten Servietten umsetzen.

# Servietten- und Besteckideen

# Tüllbestecktasche

## MATERIAL UND WERKZEUG

Tüllband weiß, 10 cm breit; Satinbändchen rosafarben; Nähmaschine; Nähgarn farblich passend; Bügeleisen; Stoffschere; Schneiderkreide

Vom Tüllband ein 27 cm langes Stück abschneiden und doppelt legen. Mit der Nähmaschine knappkantig ca. 1 cm vom Rand entfernt entlang der Längskan-

ten zunähen. Die Tasche wenden und die Nähte mit dem Bügeleisen dämpfen.
Nun können Sie das Besteck in die Tülltasche stecken, die mit einer Satinschleife verschlossen wird.

# Gefaltete Lilie

Ein Klassiker für festliche Anlässe, der auf einer
Hochzeitstafel besondere Akzente setzt. Für diese
Faltung verwenden Sie am besten gut gestärkte
Servietten.

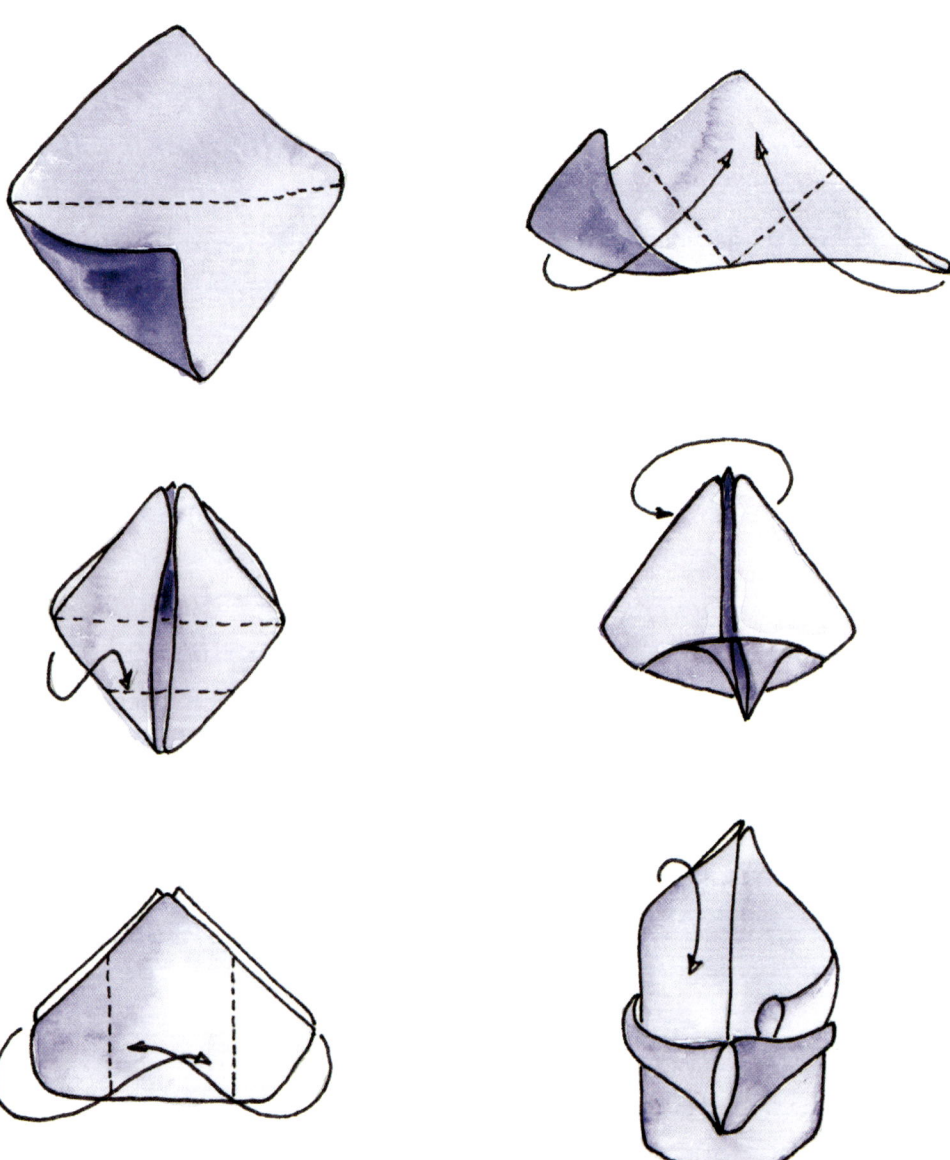

# Serviettentasche mit Blumengesteck

## MATERIAL UND WERKZEUG

Rose; Schleierkraut; Serviette; Satinbändchen hellblau; Etikett weiß; Lackstift golden;

Mit wenigen Kniffen wird aus einer einfachen Serviette ein hübsches Accessoire, das auf jeder Hochzeitstafel eine gute Figur macht.

Die Serviette bügeln und stärken. Entlang der Längsseite zweimal zu je einem Viertel umschlagen und bügeln. Der umgeschlagene Stoff liegt jetzt oben. Dann die Serviette an den Schmalseiten zu je einem Drittel nach hinten umschlagen und kurz anbügeln.

Auf der Vorderseite bildet sich so die Tasche für die Blumen. Eine Rose und etwas Schleierkraut zu einem Sträußchen binden und mit einem Satinband umwickeln. Mit Lackstift das Etikett beschriften und an dem Strauß befestigen.

# Serviettenring aus Schleierkraut

## MATERIAL UND WERKZEUG

Schleierkraut; Silberdraht
ø 0,8 mm; Steckdraht; Drahtzange; Gartenschere

Die Schleierkrautzweige mit
einer Gartenschere in etwa
10 cm lange Stiele schneiden
oder von Hand zupfen. Das
Schleierkraut zu kleinen Bündeln zusammenlegen und an
den Enden mit Silberdraht
zusammenbinden.
Den Steckdraht in der Mitte
knicken, sodass der Draht doppelt liegt. Die Schleierkrautbün-
del mit Silberdraht am
Steckdraht fixieren, dabei an
den Steckdrahtenden jeweils
2 cm freilassen. Den Draht zu
einem Kreis biegen und die
Enden ineinander verdrehen.
Diese Verbindungsstelle ebenfalls mit Schleierkraut
verdecken.

# Duftige Serviettentüte

## MATERIAL UND WERKZEUG

Schleierkraut; Dekoband blau-
weiß kariert; Silberdraht; Schere;
Drahtzange; Gartenschere

Die Serviette einmal falten
und von der Mitte her zu einer
spitzen Tüte drehen. Etwas
Schleierkraut mit Silberdraht
zu einem kleinen Strauß binden und in die Tüte stecken.
Mit blau-weiß kariertem Dekoband umwickeln. Diese Falt-
variation lässt sich am besten
mit gestärkten Servietten reali-
sieren.

# Rosenbouquet in Spitzentüte

## MATERIAL UND WERKZEUG

Rosen; Nelken; Schleierkraut; Spitzenpapier
kreisförmig ø 33 cm; Satinbändchen rosafarben;
Papierkleber; Gartenschere

Das Spitzenpapier halbieren, zu einer Spitztüte
formen und zusammenkleben. Die Blumen
auf 15 cm kürzen und mit Schleierkraut in der
Tüte arrangieren.

Kerzen dürfen auf keiner Hochzeitstafel fehlen. Gerade in den Abendstunden sorgen sie für stimmungsvolle Lichteffekte und verleihen dem Gesamtarrangement einen noch festlicheren Rahmen.

Ob Kerzen mit Spitzen- oder Blumenbordüre, individuell gestaltete Teelichter oder gar Lampions – Kerzen sind nicht gleich Kerzen und lassen sich auf unterschiedlichste Weise in Szene setzen. Auch hier gilt die goldene Faustregel: Verwenden Sie am besten nur eine Kerzenart und beschränken Sie sich auf einen oder zwei Farbtöne.

# Stimmungsvolle Tischlichter

# Stumpenkerze mit Spitzenborte

## MATERIAL UND WERKZEUG

Rosenblätter; Stumpenkerze weiß; Spitzenborte; Satinbändchen rosafarben; Klebeband doppelseitig; Teller

Von zarter Spitze umhüllt, taucht diese Stumpenkerze Ihr Hochzeitsbankett in romantisches Licht. Verteilen Sie mehrere dieser Kerzen auf der Festtafel und wählen Sie die Farbe der Rosenblätter passend zur übrigen Tischdekoration. Schneiden Sie das Spitzenband etwas größer als den Umfang der Kerze zu und kleben Sie die Enden mit doppelseitigem Klebeband zusammen. Stellen Sie die Kerzen auf einen flachen Teller und rahmen ihn mit frischen Rosenblättern ein. Wählen Sie die Kerzen vom Durchmesser nicht zu dünn aus, dickere Kerzen brennen in der Regel hohlwandig aus, sodass die Spitzenborte nicht in Brand gerät. Lassen Sie die Kerzen jedoch nie ohne Aufsicht brennen.

# Kerze mit Schleierkrautbordüre

## MATERIAL UND WERKZEUG

Schleierkraut; Silberdraht
ø 0,8 mm; Blumenbindedraht;
Drahtzange; Baumkerzen;
Kerzenständer

Das Schleierkraut zupfen und
zu kleinen Bündeln zusam-
menlegen. Ein 20 cm langes
Stück Blumenbindedraht in der
Mitte knicken und die vorge-
fertigten Bündel Schleierkraut
mit Silberdraht daran fixieren.
An beiden Enden des Blumen-
bindedrahtes jeweils 1,5 cm
freilassen.
Aus dem doppelten Draht
einen Ring bilden und die
Enden zusammenbinden. Die
Verbindungsstelle ebenfalls
mit Schleierkrautbündeln bestücken, um die Nahtstelle zu
verstecken.

# Teelichter im Spitzengewand

## MATERIAL UND WERKZEUG

Teelichter; Spitzenborte aus Papier; Papierkleber; Schere

Teelichter sind so hübsch und preiswert, dass sie auf Ihrer Hochzeitstafel verschwenderisch in Szene gesetzt werden können. Und besser noch: Mit nur wenigen Handgriffen lassen sie sich auf vielfältige Weise verschönern. Hier wurde Spitzenborte aus Papier verwendet. Schneiden Sie die Borte so zu, dass sie ein wenig länger ist als der Umfang des Teelichts. Die Enden mit Papierkleber übereinander kleben.

# Weiße Lampions

## MATERIAL UND WERKZEUG

„Käseschachtel" für Lampions
weiß (Hobbyfachhandel); Papier
bestickt, handgeschöpft;
Schlingenbesatz weiß; Dekoband fliederfarben; Leine zum
Aufhängen; Kerzentülle für
Teeliche; Papierkleber; Heißklebepistole; Draht verzinkt;
Maßband; Schere; Drahtzange

Machen Sie die Nacht zum Tag
und tauchen Sie Ihre festliche
Gartentafel in schimmerndes
Lampionlicht. An einer Leine
befestigt, beleuchten sie den
mit leichten Köstlichkeiten gedeckten Tisch.

Zunächst messen Sie den Umfang der Käseschachtel mit
einem Maßband aus. Daraus
ergibt sich der Zuschnitt für das
weiße Naturpapier zuzüglich
einer Zugabe von 2 cm für die
Klebenaht. Die Höhe können
Sie nach Ihren eigenen Vorstel-
lungen festlegen und variieren.
Kleben Sie das bestickte Papier
an Boden und Deckel fest und
verschließen die Seite. Nun
aus weißem Schlingenbesatz
zweimal den Umfang der Käseschachtel abschneiden und

mit Heißkleber um den oberen
und unteren Rand kleben.
Damit der Lampion sicher
brennt, kleben Sie eine Kerzentülle oder eine bereits ausge-
brannte Teelichtaluminium-
hülle mittig in den Boden ein.

Aus einem 35 cm langen Stück
verzinktem Blumenbindedraht
einen Griff formen und mittig
in die obere Fassung stechen.
Nun fehlt nur noch ein passen-
des Schleifenband als Dekoration.

Nicht nur für Naschkatzen! Süße Aufmerksamkeiten, auf der Hochzeitstafel wirkungsvoll arrangiert, erfreuen jeden Gast. Gebrannte Mandeln, Pfefferminzdragees oder Pralinen eignen sich hierfür von Hause aus. Doch warum nicht die Geladenen mit eigens gegossenen Schokoladenfiguren oder selbst gebackenen Plätzchen überraschen?

Fehlt nur noch das passende Outfit – und das lässt sich schnell fertigen. Ganz gleich, ob Sie Organzabeutel oder Faltschachteln bevorzugen: Mit diesen Give-aways haben Sie alle Sympathien auf Ihrer Seite ...

# Kleine
# Aufmerksamkeiten

# Schokofiguren

## Material und Werkzeug

Kuvertüre weiß; Gießform Hochzeitsmotive (Hobbyfachhandel); Satinbändchen weiß; Topf für Wasserbad; Teelöffel; Zellophantüten

Hochzeitsglocken, Kutsche oder Braut samt Bräutigam: Diese Figuren sind zum Anbeißen süß!

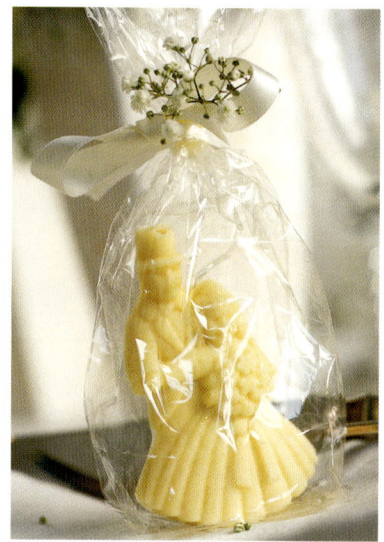

Die Schokolade im Wasserbad nach Herstellerangabe verflüssigen und mit einem Teelöffel in die Gießform füllen. Die Gießform an einem kühlen Ort, beispielsweise im Kühlschrank, einige Stunden abkühlen lassen und dann vorsichtig aus der Form lösen. Die einzelnen Motive in kleine Zellophantüten stellen und mit einer Schleife verschließen.

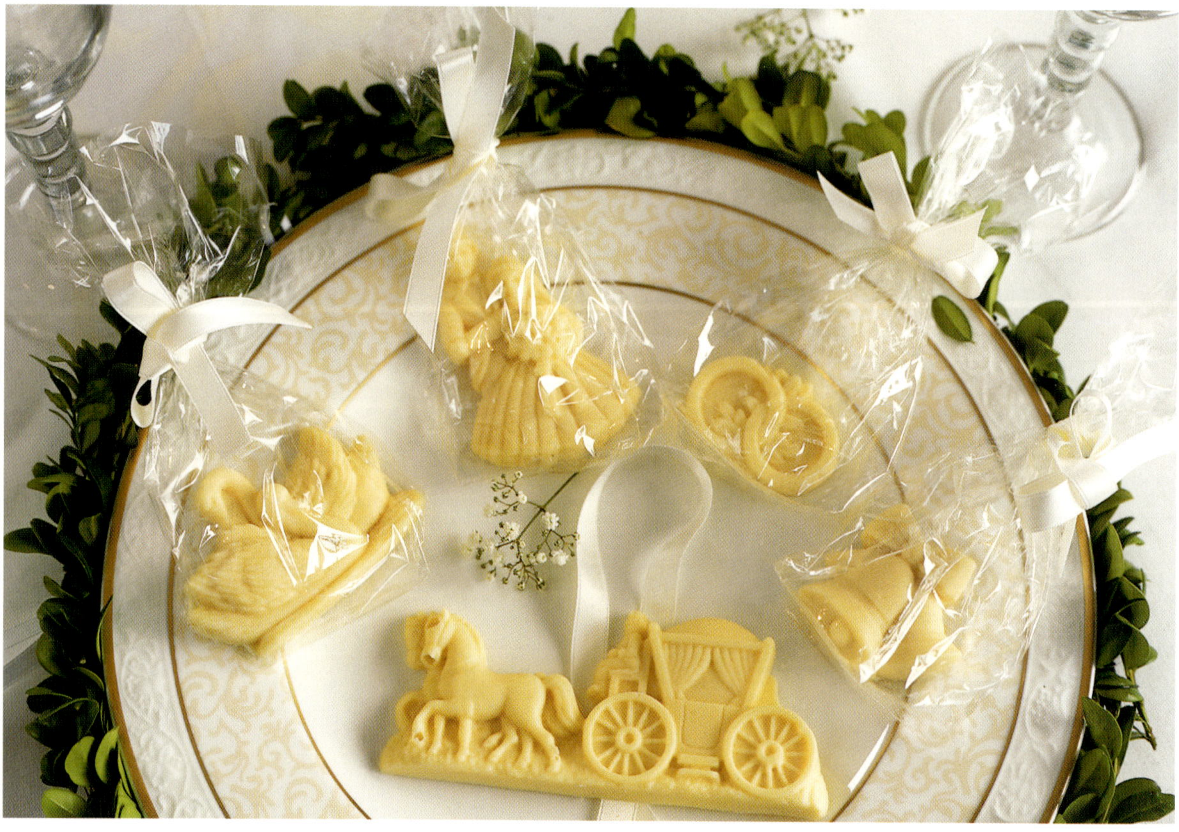

# Pyramidentüten mit Herz

## MATERIAL UND WERKZEUG

Embossingpapier cremefarben, geprägt; Satinbändchen flieder-farben; Falzbein; Schere oder Cutter; Schneideunterlage; Papierkleber; Metalllineal; Bleistift
Vorlage S. 155

Aus cremefarbenem Embossing-papier lassen sich diese Spitztü-ten schnell falten. Dem Anlass entsprechend ziert ein kleines Herz die Öffnung, dekoriert mit einem Satinbändchen. Übertragen Sie die Vorlage auf das Papier. Schneiden Sie die Außenkontur mit einem Cutter oder einer Schere auf einer Schneideunterlage aus. Die gestrichelten Linien mit einem Falzbein auf der Innenseite eines Metalllineals falzen. Alle Faltlinien zu einer Seite falten, dann die Pyramidentüten zu-sammenkleben.

# Organzabeutel mit Pfefferminz

## MATERIAL UND WERKZEUG

Organzabeutelband oder Organzastoff weiß;
Pfefferminzdragees; Satinbändchen fliederfarben,
rosafarben, hellblau; Nähmaschine; Nähgarn
farblich passend; Bügeleisen; Stoffschere;
evtl. Blüten zum Dekorieren

Kleine Organzabeutel lassen sich schnell und
preiswert selber nähen oder sind als Meterware
im Hobby- und Kurzwarenhandel zu beziehen.
Aus weißem Organzastoff eine ausreichende
Anzahl an Rechtecken von 10 x 6 cm zuzüglich
1,5 cm Nahtzugabe zuschneiden. Die obere Kante
versäumen, dann den Stoff rechts auf rechts
zusammenlegen und die Nähte schließen. Die
Nahtzugabe auf 0,5 cm zurückschneiden, den
Beutel wenden und die Nähte bügeln.
Mit süßen Gaben füllen und mit einem Satinbändchen verschließen. Zusätzlich können Sie
die Schleifen mit zarten Blüten schmücken.

# Pralinenschachteln

## MATERIAL UND WERKZEUG

Embossingpapier oder Fotokarton cremefarben; Satinkordel cremefarben; Falzbein;
Cutter; Schneideunterlage;
Metalllineal; Bleistift; Papierkleber; Süßigkeiten
Vorlage S. 153 und 154

Eine hübsche Verpackung ist –
fast – ebenso wichtig wie ihr
Inhalt. Dekorative Schachteln
wie diese können Sie mit Plätzchen, Pralinen oder auch Nüs-
sen füllen.
Übertragen Sie die Vorlagen für
Schachtel und Deckel auf das
Embossingpapier beziehungsweise den Fotokarton. Sodann
schneiden Sie die Außenkontu-
ren mit einem Cutter auf einer
schnittfesten Unterlage aus.
Die gestrichelten Linien mit
einem Falzbein auf der Innenseite eines Metalllineals falzen.
Alle Faltlinien zu einer Seite
falten, dann zusammenkleben.

# Miniaturtörtchen

## MATERIAL UND WERKZEUG

Blüten; Wellpappe weiß;
Plusterfarbe weiß; Zirkel;
Schere; Papierkleber oder
Heißkleber; Bleistift; Lineal;
Föhn; Süßigkeiten

Unter diesen Miniaturtört-
chen versteckt sich eine süße
Kleinigkeit für Ihre kleinen
Gäste.
Die Törtchen bestehen aus
mehreren Etagen. Hierfür aus
weißer Wellpappe drei Kreise
mit einem Durchmesser von
2,5, 5 und 7,5 cm ausschneiden.
Als Nächstes je einen Streifen
Wellpappe mit einer Höhe von
4, 3 und 2 cm zuschneiden
und zu einem Ring schließen.
Die einzelnen Stockwerke zu-
sammenkleben und auf alle
Schnittstellen Plusterfarbe geben. Nach der angegebenen
Trockenzeit mit einem Föhn
auf höchster Stufe aufschäu-
men. Unter der untersten Tor-
tenstufe gebrannte Mandeln
oder Pfefferminzdragees verstecken und mit kleinen Blüten
dekorieren.

Ob Tisch- oder Kopfschmuck, duftige Details für Stuhllehnen oder Sträußchen fürs Knopfloch: Blumen sind einer der wichtigsten Aspekte einer jeden Hochzeitsgestaltung.

So sollten Sie die florale Dekoration mit Sorgfalt entwerfen und auswählen. Bedenken Sie dabei, dass allzu üppige Bouquets die Sicht versperren können und deswegen von den Gästen gerne hin- und her geschoben werden. Für lange Tische eignen sich eher längliche Gestecke im Abstand von etwa 80 cm. Sind die Tische oval oder quadratisch, sollten Sie sich auf ein niedriges, mittig platziertes Arrangement beschränken.

# Blumen in Hülle und Fülle

# Rosentorte

### MATERIAL UND WERKZEUG

Rosen; Schleierkraut; Deko-
gras cremefarben; Unterteller;
Steckmasse; Silberdraht
ø 0,8 mm; Aluminiumfolie;
Kreppband oder Holzstäbchen;
Teller; Drahtzange; Messer;
Gartenschere

Steckmasse ist aus der Floristik
kaum noch wegzudenken, da
sie sich leicht in jede beliebige
Form schneiden lässt. Schneiden Sie aus zwei Steckziegeln
mit einem Messer jeweils einen
Halbkreis zu. Diese zu einem
Kreis zusammenfügen und
mit Kreppband oder mit zwei
horizontal durchgesteckten
Holzstäbchen verbinden. Legen
Sie die Form in Wasser, bis sie
sich vollgesogen hat. Sodann
das Steckmaterial auf der Unterseite mit Aluminiumfolie ein-
wickeln und auf einen Teller
stellen.
Die Tortenform mit Dekogras
und ringsum mehrfach mit
Silberdraht umwickeln. Mit
Wasser befeuchten. Die Rosen
mit einer Gartenschere auf eine
Länge von 5 cm kürzen und
gleichmäßig samt Schleierkraut
einstecken. Zum Auffrischen
das Arrangement eine halbe
Stunde lang wässern.

# Hängender Blumenkranz

## MATERIAL UND WERKZEUG

Blüten je nach Jahreszeit;
Buchsbaum; Schleierkraut;
Satinband fliederfarben,
8 mm breit; Metallring ø 40 cm;
Blumenbindedraht; Schere;
Drahtzange; Gartenschere

Den Metallring gleichmäßig
mit Buchsbaum umwickeln;
dabei die Drahtrolle von innen
nach außen über die Stiele
führen und vorsichtig festzur-
ren. Die Blüten sowie das
Schleierkraut auf eine Länge
von 5 bis 7 cm mit einer Gartenschere abschneiden und
gleichmäßig in den Kranz einbinden. Das fliederfarbene
Satinband in vier 1,20 m lange
Stücke schneiden und im
gleichen Abstand am Ring fest-
binden. Jeweils zwei Bandenden zusammenknoten und
an der Decke befestigen.

# Bauernstrauß

## MATERIAL UND WERKZEUG

Rosen; Freesien; Knöterich;
Schleierkraut; Amphore;
Gartenschere

Üppig zusammengestellt, kombiniert dieser Strauß Rosen, Freesien, Schleierkraut und Knöterich zu einem duftenden Tischschmuck.

In einer alten Amphore arrangiert, erinnert er an sommerlich blühende Bauerngärten – und eignet sich hervorragend für Hochzeitstafeln im Landhausstil. Kombinieren Sie verschiedene Duft- und Edelrosen, Freesien in Gelb und Weiß mit Schleierkraut und umwickeln Sie den Strauß abschließend mit langen Knöterichästen.

# Herz aus Rosen

## MATERIAL UND WERKZEUG

Rosen; Schleierkraut; Beerenfrüchte; Seidenpapier
weiß; Pappe; Steckmasse; Aluminiumfolie;
Kreppband oder Holzstäbchen; Bleistift; Schere;
Messer; Gartenschere

Stellen Sie sich zunächst eine Herzschablone aus
Pappe her. Teilen Sie den Steckschwamm mit
einem Messer in drei gleich große Stücke und
legen diese flach nebeneinander. Die Schablone
feststecken und aus der Steckmasse das Herz
mit einem Messer ausschneiden. Verbinden Sie
die Teile mit etwas Kreppband oder horizontal
durchgesteckten Holzstückchen an den Schnittstellen. Die Form in eine Wasserschale legen.
Bestücken Sie das Herz wie auf S. 112 beschrie-
ben mit den Blumen und Beeren Ihrer Wahl.
Überziehen Sie das Herz auf der Unterseite mit
Aluminiumfolie und verpacken es in weißem
Seidenpapier.

# Rosenbouquet

## MATERIAL UND WERKZEUG

Rosen lachsfarben; Dillblüten; Efeu kleinblättrig; Schleierkraut; Vase hoch, schlank; Steckmasse; Messer; Gartenschere

Die Steckmasse der Größe der Vase entsprechend mit einem Messer zuschneiden und in die Vase stecken. Füllen Sie das Gefäß mit Wasser auf, sodass der Steckschaum sich langsam

voll saugt. Überschüssiges Wasser vor dem Stecken abgießen. Die Rosen mit einer Gartenschere knapp 4 cm unterhalb der Blüte abschneiden und mittig in den Steckschaum stecken. Den Rand mit Schleierkraut füllen. Einige Dillblüten in das Gesteck einarbeiten. Zum Schluss eine ca. 80 cm lange Efeugirlande mehrmals um die Vasenöffnung winden.

# Biedermeierstrauß mit Kerzen

## MATERIAL UND WERKZEUG

Rosenmix (historische und englische Rosen); evtl. Hortensien oder Bauernpfingstrosen; Blattgrün; Schleierkraut; 8 Stabkerzen silbern; Naturbast; Gartenschere; evtl. Stoffmanschette oder ummantelter Pappring

Das kleine runde Bouquet – landläufig als Biedermeierstrauß bezeichnet – wird in eine Manschette aus Blättern, eine fertige Stoffmanschette oder einen ummantelten Pappring eingebunden. Biedermeiersträuße eignen sich hervorragend als Brautsträuße, der hier gezeigte Strauß ist jedoch mit Stabkerzen geschmückt und spendet am Abend romantisches Licht.
Für den halbkugelförmigen Charakter des Straußes wählen Sie am besten Blumen mit besonders großen Blüten oder üppigen, buschigen Blütenständen. Je nach Jahreszeit eignen sich Bauernpfingstrosen,

Hortensien oder Rosen. Schneiden Sie die Blumen schräg an und stecken sie Kopf an Kopf kuppelförmig zusammen, dazwischen eventuell andere Einzelblüten stecken.

Aus Blattgrün, z. B. Eichenblättern, eine gleichmäßige Manschette um die Blumenstiele legen und mit Naturbast zusammenbinden. Die Kerzen hineinstecken.

# Hortensienblüte

### MATERIAL UND WERKZEUG

Hortensienblüte; Satinbändchen hellblau;
Gartenschere

Kürzen Sie die Hortensie mit der Gartenschere
auf eine Länge von 15 cm, umwickeln Sie den
Blumenstiel fest mit Satinband und binden Sie
die Blüte an die Stuhllehne.

# Buchsbaumherz

### MATERIAL UND WERKZEUG

Buchsbaum frisch geschnitten; Blumenbindedraht
geglüht; Blumenbindedraht verzinkt, ø 1,8 mm;
Drahtzange; Gartenschere; evtl. Sicherheitsnadel

Formen Sie aus einem 60 cm langen Stück
verzinktem Blumenbindedraht ein Herz und
verknoten Sie die Enden mit einer Drahtzange.
Belegen Sie das Drahtherz mit frischen Buchs-
baumästen und fixieren Sie diese mit geglühtem
Blumenbindedraht, der von innen nach außen
gewickelt wird.
An Stuhlhussen lässt sich das Herz mit einer
Sicherheitsnadel befestigen.

# Duftbeutel

## MATERIAL UND WERKZEUG

Organzastoff weiß; Serviette Rosenmotiv; Satinbändchen rosafarben; Blüten- oder Seidenblätter; Transferlack; Pinsel; Haftvlies; Nähmaschine; Nähgarn farblich passend; Nähnadel; Bügeleisen; Nagelschere; Stoffschere; Schneiderkreide

Mit Blütenblättern gefüllt, ziert dieser Duftbeutel die Stuhllehnen Ihrer Gäste. Aus Organza ein Rechteck von 18 x 24 cm zuzüglich 1,5 cm Nahtzugabe zuschneiden. Den Stoff rechts auf rechts zusammenlegen, die Nähte schließen. Die Öffnung doppelt umschlagen und vernähen. Den Beutel wenden. Lösen Sie die beiden unteren Lagen der Serviette ab und verstärken Sie die verbleibende Schicht von links mit Haftvlies. Nun das Rosenmotiv mit einer Nagelschere sauber ausschneiden. Ziehen Sie die Trägerfolie vorsichtig ab und legen das Motiv mit der Klebeseite nach unten mittig auf den Beutel. Das Serviettenmotiv aufbügeln. Versiegeln Sie das Motiv an-

schließend mit einer Schicht Transferlack, streichen Sie dabei mit dem Pinsel von innen nach außen.
Den Beutel füllen und mit einem Satinband verschließen.

# Rosenkranz für Blumenmädchen

## MATERIAL UND WERKZEUG

Rosen kleinknospig;
Buchsbaum; Stützdraht
geglüht; Blumenbindedraht;
Kautschukband; Maßband;
Drahtzange; Gartenschere;
evtl. Haarspangen

Für den Haarkranz zunächst
die Kopfgröße des Blumen-
mädchens bestimmen. Sodann
den Stützdraht mit Kautschukband umwickeln und zu einem
entsprechenden Ring formen.

Den Ring gleichmäßig mit
Buchsbaum umwickeln, den
Sie mit Blumenbindedraht
fixieren. Führen Sie hierzu die
Drahtrolle von innen nach
außen und zurren Sie alles

vorsichtig fest. Die Rosen 3 cm
unterhalb der Blüte mit einer
Gartenschere abschneiden und
ebenfalls gleichmäßig am
Kranz einbinden. Den Kranz
bei Bedarf mit Spangen im
Haar feststecken. Damit der
Kopfschmuck lang frisch bleibt,
immer wieder mit Wasser
besprühen.

# Geschmückter Hut

## MATERIAL UND WERKZEUG

Fairyrosen; Strohhut;
Organzaband fliederfarben;
Blumenbindedraht; Drahtzange;
Gartenschere

Gut behütet sind Blumenkinder auf einer sonnigen Gartenhochzeit ganz in ihrem Element: Gestalten Sie den Strohhut in zarten Flieder- und Rosatönen. Hierfür den Hut mit einem breiten Organzaband umschlingen. Das Band wird auf der Rückseite zu einer Schleife gebunden. Die Rosen kürzen und mit einem Stück Blumenbindedraht fixieren.

# Blumen fürs Knopfloch

### MATERIAL UND WERKZEUG

Blüten je nach Jahreszeit; Schleierkraut;
Satinbändchen verschiedenfarbig; Blumen-
bindedraht; Sicherheitsnadel; Drahtzange;
Gartenschere

Schneiden Sie die Blüten erst kurz vor der Trauung 3 cm unterhalb der Blüte ab. Binden Sie ein-
zelne Blüten – mit oder ohne Schleierkraut –
mit etwas Blumenbindedraht zusammen.
Umwickeln Sie den Stiel fest und gleichmäßig
mit einem farblich passenden Satinband, das
Sie unterhalb der Blüte zu einer Schleife binden.
Eine Sicherheitsnadel auf der Rückseite befestigen.

Nicht von ungefähr hatte die Marquise de Pompadour einen ausgeprägten Sinn für Eleganz – und die nach ihr benannten Handbeutelchen eignen sich auch heute noch hervorragend als dekoratives Accessoire für Brautjungfern wie Blumenkinder. Denn schließlich lassen sich hier Taschentücher oder Rosenblätter prima unterbringen!

Genäht aus Stoffresten wie Seide, Damast oder Organza, können Sie die Beutel mit Perlen, Stickereien, Spitzenborte oder sogar einer Federboa unterschiedlichst gestalten. So fühlt sich das Brautgefolge bestens ausgestattet …

# Zarte
# Pompadourbeutel

# Damastbeutel mit Spitze

## MATERIAL UND WERKZEUG

Damast weiß; Spitze weiß;
Satinkordel weiß; Satinband
weiß, 5 cm breit; Nähmaschine;
Nähgarn farblich passend;
Nähnadel; Sicherheitsnadel;
Bügeleisen; Stoffschere;
Schneiderkreide

Aus Damast einen Kreis von
18 cm Durchmesser sowie ein
Rechteck in 50 x 22 cm zuzüglich 1,5 cm Nahtzugabe zuschneiden.

Für das Ziehfutteral weißes
Satinband 4 cm unterhalb der
Oberkante schmalkantig auf
der Stoffoberseite aufnähen.
Die Bandenden nach innen einschlagen, ohne die Öffnungen
zu verschließen.

Den Stoff rechts auf rechts
legen, die Seitennaht schließen
und den oberen Rand versäumen. Den kreisförmigen Boden
an das untere Ende heften und
mit der Nähmaschine annähen.
Den Saum mit Zickzack-Stich
versäumen. Den Beutel wenden und die Nähte bügeln. Die
Unterkante des Beutels mit

Spitze dekorieren. Abschließend die Satinkordel mithilfe
einer Sicherheitsnadel durch
das Futteral ziehen und an den
Enden verknoten.

# Pompadourbeutel in Tropfenform

## MATERIAL UND WERKZEUG

Baumwollstoff weiß, wattiert;
Satinbändchen weiß; Satin-
kordel weiß, 6 mm breit; Seiden-
blümchen zum Aufsticken;
Nähmaschine; Nähgarn farblich
passend; Nähnadel; Bügeleisen;
Stoffschere; Schneiderkreide
Vorlage S. 152

Übertragen Sie die Vorlage
zweimal auf den wattierten
Oberstoff und schneiden diesen
mit einer Nahtzugabe von
1,5 cm und entlang der oberen
Öffnungskante mit einer Nahtzugabe von 3 cm aus.
Die Nahtzugabe entlang der
oberen Kante nach innen umschlagen und annähen. Die
Stoffteile rechts auf rechts aufeinander legen und zusammennähen. Die Nahtzugabe auf
1 cm zurückschneiden und an
der Rundung keilförmig einschneiden. Mit Zickzack-Stich
versäumen. Die Satinkordel an
den Nahtstellen von Hand annähen. Als dekoratives Element
Seidenblümchen von Hand im
Abstand von 1,5 cm etwa 2 cm
unterhalb der oberen Kante
annähen.

# Organzabeutel mit Blütenborte

## MATERIAL UND WERKZEUG

Organzastoff weiß; Satinbändchen weiß, grün; Nähmaschine; Nähgarn farblich passend; Nähnadel, Bügeleisen; Stoffschere; Schneiderkreide

Aus weißem Organza ein Rechteck in 50 x 19 cm zuzüglich 2 cm Nahtzugabe sowie einen Kreis von 18 cm Durchmesser zuzüglich 1,5 cm Nahtzugabe zuschneiden.

Ein der Breite des Rechtecks entsprechend langes Stück weißes Satinbändchen zuschneiden und ca. 1 cm oberhalb der späteren Beutelunterkante aufsteppen.

Den Stoff rechts auf rechts legen, die Seitennaht schließen und den oberen Rand versäumen. Den Boden an das untere Ende heften und mit der Nähmaschine annähen. Die Nahtzugaben anschließend auf 1 cm zurückschneiden und mit mittlerem Zickzack-Stich versäumen. Dann den Beutel wenden.

Vom weißen Satinband ein 5 cm langes Stück abschneiden und zu einer Schlaufe legen. Die Schlaufe 3 cm unterhalb der Beutelöffnung annähen und ein 40 cm langes Satinband durchziehen.

Für die Blümchen acht weiße Satinbändchen von je 10 cm und acht grüne Satinbändchen von je 5 cm zuschneiden. Die grünen Bänder jeweils zu einem Kreis schließen und zu einer Acht legen. Mit einigen Stichen mittig fixieren. Das weiße Satinband blütenförmig zusammenrollen, dabei bei jeder Umwicklung am unteren Ende mit einigen Stichen fixieren. Um einen knospenartigen Charakter zu erhalten, das Band nach jeder Umwicklung einmal in sich verdrehen. Das Ende des weißen Satinbändchens am unteren Ansatz vernähen und mittig auf das grüne Satinbändchen aufnähen.

Die Rosenknospen im gleichen Abstand auf das bereits aufgesteppte Satinband am unteren Beutelrand aufnähen.

# Batistbeutel mit Perlenstickerei

## MATERIAL UND WERKZEUG

Batist; Wachsperlen cremefarben, ø 3 mm; Satinband rosa, 8 mm breit; Nähmaschine; Nähgarn farblich passend; Nähnadel, Bügeleisen; Stoffschere; Schneiderkreide

Aus Batist ein 22 x 23 cm großes Rechteck zuzüglich 2 cm Nahtzugabe sowie einen Kreis von 13 cm Durchmesser zuzüglich 1,5 cm Nahtzugabe zuschneiden. Die obere Kante versäumen, bügeln und dann zunächst die Perlenstickerei ausführen. Dazu etwa 1 cm unterhalb der späteren Beutelöffnung mit Schneiderkreide eine Linie ziehen und entlang der Linie Wachsperlen aufsticken. Nun markieren Sie die Blütenformen mit Schneiderkreide und besticken diese ebenfalls mit Perlen. Für die hier ausgearbeiteten Motive werden 48 Perlen je Blüte benötigt.

Der Abstand zwischen den Perlenschnüren beträgt ca. 5 cm. Die letzte Schnur sticken Sie ca. 1 cm oberhalb der unteren Kante auf.

Den Stoff rechts auf rechts legen, die Seitennaht schließen und die Kanten bügeln. Den Boden an das untere Ende heften und annähen. Die Nahtzugabe anschließend auf 1 cm zurückschneiden und mit mittlerem Zickzack-Stich versäumen und den Beutel wenden.

Ein 30 cm langes Satinband ca. 4 cm unterhalb der Öffnung mit einigen Stichen von Hand annähen und verschließen.

# Beutel mit Federboa

## MATERIAL UND WERKZEUG

Baumwollstoff weiß, wattiert; Federboa weiß; Satinband weiß, 4 cm breit; Satinkordel weiß; Nähmaschine; Nähgarn farblich passend; Nähnadel; Sicherheitsnadel; Bügeleisen; Stoffschere; Schneiderkreide

Beutel wenden und die Kanten bügeln.
Die Satinkordel mit einer Sicherheitsnadel durch den Tunnel ziehen, die Enden

verknoten und mit einer Stoffschere gerade abschneiden. Als Letztes nähen Sie die Federboa von Hand entlang der oberen Kante an.

Aus wattiertem Baumwollstoff schneiden Sie einen Kreis von 18 cm Durchmesser sowie ein Rechteck von 50 x 24 cm zuzüglich 1,5 cm Nahtzugabe zu. Als Tunnel für die Ziehvorrichtung das weiße Satinband 4 cm unterhalb der oberen Kante schmalkantig auf der Stoffoberseite aufnähen, die Bandenden nach innen einschlagen, ohne die Öffnungen zu verschließen. Den Stoff rechts auf rechts legen, die Seitennaht schließen und die obere Kante versäumen. Als Nächstes heften Sie den kreisförmigen Boden an das untere Ende und nähen ihn fest. Die Nahtzugabe auf 1 cm zurückschneiden und mit Zickzack-Stich versäumen. Den

Alles Gute kommt von oben: Nach der Trauung darf das glückliche Hochzeitspaar durch einen bunten Konfetti-Regen schreiten und sich feiern lassen. Dieser Brauch hat eine lange Tradition – aber wichtiger noch: er bringt ganz viel Glück!

Ob handelsübliches Konfetti, Reis, frische Blumenblätter, getrocknete Lavendelblüten oder Seidenblätter: Das Streugut können Sie in unterschiedlichen Behältnissen dekorativ zusammenstellen und sorgen so für einen weiteren gestalterischen Akzent. Werden frische Blütenblätter geworfen, so sollten diese erst am Hochzeitstage selbst gezupft werden.

# Konfetti & Co.

# Holzkorb mit Satin-Geflecht

## MATERIAL UND WERKZEUG

Holzkorb; Satinband cremefarben, 2,5 cm breit; Filz weiß; Klebeband doppelseitig; Textilkleber; Stoffschere

Dieser schlichte Holzkorb wird mit cremefarbenem Satinband verkleidet.

Dazu zunächst den unteren äußeren Korbrand mit doppelseitigem Klebeband versehen und das Satinband ringsum faltenfrei anbringen. Für die weitere Verkleidung die Längsseiten mit vier Bändern, die Schmalseiten mit zwei Bändern bekleben. Dazu die Bänder auf der Unterseite des Korbes mit doppelseitigem Klebeband befestigen, auf die Innenseite umlegen und dort wiederum fixieren. Lassen Sie zwischen den Satinbändern einen Abstand von ca. 2,5 cm, so entsteht eine Flechtoptik.

Dann den Griff sowie die obere Korbkante umwickeln. Den Griff mit einer zusätzlichen Schleife dekorieren.

Die äußere und innere Oberkante des Korbes mit Satinband abkleben, die Enden jeweils nach innen umschlagen, sodass sie sich nicht auflösen können. Ein der Größe des Bodens entsprechendes Stück Filz zuschneiden und mit Textilkleber auf dem Innenboden fixieren.

# Tasche aus Blütenpapier

## MATERIAL UND WERKZEUG

Blütenpapier evtl. handgeschöpft; Satinbändchen
rosafarben; Baumwollkordel
cremefarben; Falzbein; Schere
oder Cutter; Papierkleber;
Allzweckkleber
Vorlage S. 152

Die Vorlage auf das Blütenpapier inklusive aller gestrichelten
Falzlinien übertragen und die
Außenkontur mit einer Schere
oder einem Cutter ausschneiden.
Die gestrichelten Linien mit
einem Falzbein falzen und anschließend umlegen. Die Tüte
mit Papierkleber zusammen-
setzen.
Aus Baumwollkordel zwei
18 cm lange Stücke zuschneiden und mit Allzweckkleber
auf der Innenseite der Tüte als
Tragegriffe fixieren, mit Satinband umwinden.

# Zinkeimerchen

## MATERIAL UND WERKZEUG

Eimerchen verzinkt; Satinbändchen hellblau

Die Eimerchen mit einem Stück Schleifenband umwickeln und mit dem Streugut Ihrer Wahl auffüllen. Fertig!

# Tüten aus Spitzenpapier

### MATERIAL UND WERKZEUG

Spitzenpapier kreisförmig, ø 30 cm; Dekoband fliederfarben; Papierkleber; Schere

Das Spitzenpapier mit der Schere halbieren, zu einer Tüte rollen und mit Papierkleber fixieren. Durch den Rand ein Band ziehen und zu einer dekorativen Schleife binden.

# Tüten aus Büttenpapier

### MATERIAL UND WERKZEUG

Büttenpapier weiß; Satinbändchen fliederfarben; Weidenkorb; Schmucktaube; Acrylfarbe fliederfarben; Pinsel; Papierkleber

Drehen Sie je einen DIN A4-Bogen Büttenpapier der Längsseite entlang zu einer spitzen Tüte. Mit Papierkleber fixieren.
Für die passende Aufbewahrung der Tüten streichen Sie einen einfachen Weidenkorb mit Acrylfarbe. Nach dem Trocknen den Korbhenkel mit einem schmalen Satinband umschlingen. Eine weiße Glückstaube ziert den Griff.

# Rosenblätter im Weidenkorb

## MATERIAL UND WERKZEUG

Rosenblüte; Rosen- oder Seidenblätter; Weidenkorb; Satinbändchen rosafarben, fliederfarben; Acrylfarbe fliederfarben; Pinsel; Gartenschere

Den Weidenkorb zweimal mit Acrylfarbe streichen und trocknen lassen. Sehr dekorativ wirkt eine Rose, die Sie an einer Seite des Henkels mit farblich abgestimmten Satinbändern befestigen.
Die Rosenblätter erst kurz vor der Trauung in den Korb geben, gegebenenfalls mit Seidenblättern mischen.

Der große Tag ist vorbei, gemeinsam haben Sie ein rauschendes Fest gefeiert ... Der Alltag ist wieder eingekehrt – und endlich finden Sie Zeit, all die Glückwünsche, Fotos, Geschenke in Ruhe zu betrachten und die Ereignisse Revue passieren zu lassen.

Natürlich gibt es nun jede Menge Erinnerungsstücke, die sie aufbewaren möchten. Grund genug, stilvolle Schachteln zu gestalten, die Ihren Souvenirs den passenden Rahmen bieten. Ob bemalt, mit Stoff überzogen oder bestickt: Diese Behältnisse lassen Ihre Hochzeit wirklich unvergesslich werden!

# Souvenirs für die Ewigkeit

# Runde Holzbox

## MATERIAL UND WERKZEUG

Holzschachtel rund; Spitzenpapier kreisförmig; Kohlepapier; Acrylfarbe rosafarben,
hellblau, gelb; Acryllack
transparent; Schleifpapier
240er Körnung; Schaumstoffrolle oder Borstenpinsel
verschiedene Breiten;
Haarpinsel fein; Bleistift
Vorlage S. 151

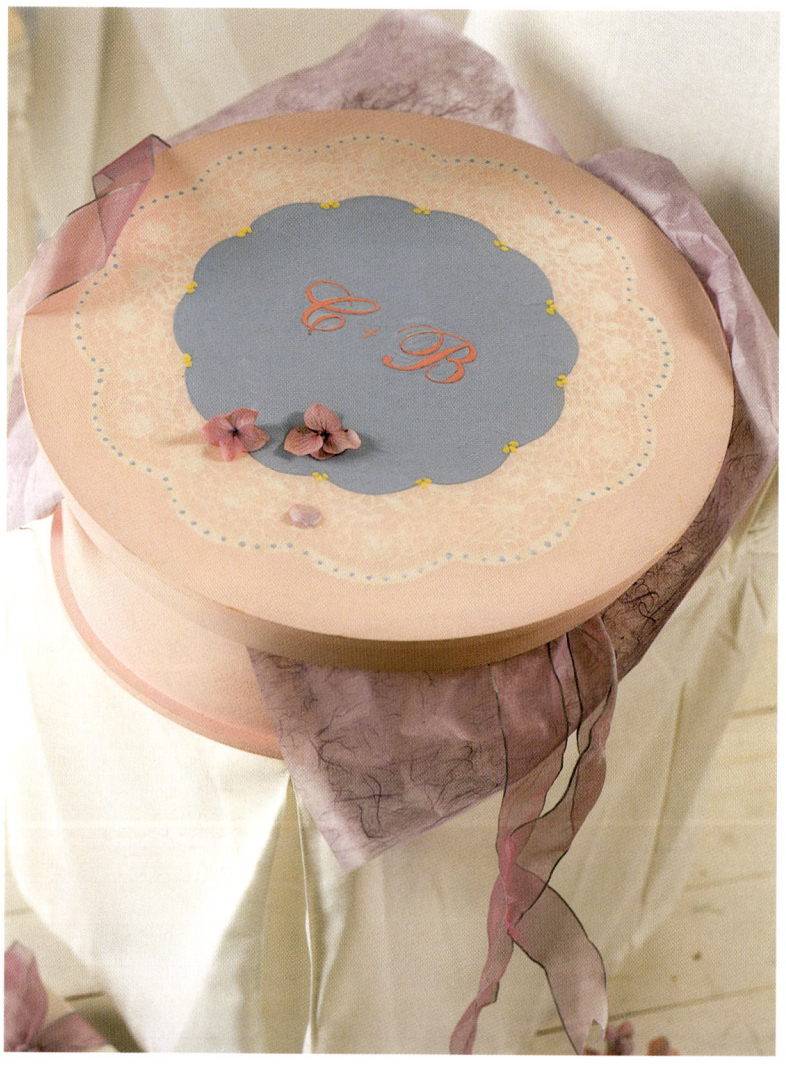

In dieser Schachtel lassen sich
viele Erinnerungen an das
Hochzeitsfest aufbewahren.
Glätten Sie die Holzoberfläche
zunächst mit feinem Schleifpapier. Sodann die Holzschachtel in Rosa streichen und die
Farbe trocknen lassen.
Den Deckel mit transparentem
Acryllack streichen und das
Spitzenpapier faltenfrei auflegen. Mit einer schmalen
Schaumstoffrolle oder einem
feinen Borstenpinsel glätten
und trocknen lassen. Den
Spitzenpapieraufleger wie auf
dem Foto zu sehen in Hellblau
und Gelb ausmalen.

Von der Vorlage die Initialen
mit Kohlepapier mittig auf
den Deckel übertragen und die
Kontur mit einem Bleistift
nachzeichnen. Die Buchstaben
mit einem feinen Haarpinsel

rosafarben ausmalen, sodass
eine saubere Außenkontur
entsteht.
Die Oberfläche abschließend
mit transparentem Acryllack
versiegeln.

# Brautstraußschachtel

### MATERIAL UND WERKZEUG

Spanschachtel; Seidenpapier
weiß; Trockensalz; Acrylfarbe
weiß; Pinsel

Als Erinnerung an den schönsten Tag möchten viele Ihren
Brautstrauß oder einen Teil der
floralen Tischdekoration aufbewahren und konservieren.
Mit Trockensalz ist dies kein
Problem!
Als Erstes die Spanschachtel
mit weißer Acrylfarbe streichen
und trocknen lassen. Kleiden
Sie nun die Schachtel mit
weißem Seidenpapier aus und
füllen sie mit Trockensalz auf.
Die Stile ca. 1,5 cm unterhalb
der Blütenköpfe abschneiden
und in das Trockensalz stecken.
In einer entsprechend großen
Schachtel können Sie Ihren
Brautstrauß auch als Ganzes
aufbewahren.

# Bestickte Leinenschachtel

## MATERIAL UND WERKZEUG

Holzschachtel rechteckig; Leinen grob; Volumenvlies; Stickgarn weiß; Tacker; Textilkopierpapier; Textilkleber; Stoffschere; Papier; Bleistift; Lineal
Vorlage S. 151

Einfach, aber umso wirkungsvoller: Holzschachteln jeder Art können Sie mit Stoff überziehen und mit einem Monogramm besticken.
Holzschachteln sind in verschiedenen Größen im Bastelfachhandel erhältlich. Ist Ihnen die Stickerei zu aufwendig, können Sie den Stickservice, der in vielen Stofffachgeschäften angeboten wird, in Anspruch nehmen.
Fassen Sie die Schachtel zunächst mit Volumenvlies ein. Dazu je einen dem Schachtelumfang sowie der Höhe entsprechend langen Vliesstreifen zuschneiden und mit dem Tacker befestigen. Den Überstand abschneiden. Dann den Schachtelboden ausmessen und ein entsprechend großes Rechteck zuzüglich 5 cm Saum aus Leinen zuschneiden.
Für die Wände schneiden Sie ein dem Schachtelumfang und der Schachtelhöhe entsprechendes Rechteck zuzüglich 3 cm Saum zu. Letzteres Rechteck entlang der Schmalseite mit der Nähmaschine versäumen, Saum auseinander bügeln, wieder auf rechts drehen und um die Schachtelwände legen. Die Enden überstehen lassen und mit einer Schere in regelmäßigem Abstand einschneiden. Abschließend beide Rechtecke auf der Unterseite mit Textilkleber versehen und die Schachtel damit verkleiden. Einige Minuten mit den Händen festdrücken.
Als Nächstes die Deckelfläche inklusive Längs- und Schmalseiten bestimmen und ein entsprechendes Schnittmuster zuzüglich 4 cm Nahtzugabe anfertigen. Sodann den Deckel ebenfalls mit Volumenvlies wattieren.
Das Monogramm mit Textilkopierpapier auf den zugeschnittenen Leinenstoff übertragen und von Hand oder mit der Nähmaschine aussticken. Den Deckelstoff mit der Oberseite nach unten flach hinlegen.
Tragen Sie Textilkleber auf den Innenseiten auf und legen den Deckel mittig auf den Leinenstoff. Achten Sie hierbei darauf, dass der Stoff rundum gleichmäßig übersteht. Den Deckel einige Minuten auf dem Stoff festdrücken.
Abschließend den Stoff an den Deckelseiten hochschlagen, über Eck falten und auf der Deckelinnenseite verkleben.

## Danksagung

Danken möchte ich Dorthia Ehlers, Sabine und Rudi Helmold, Elisabeth, Christian, Gunnar, Gerche, Jochen und Bonny Haude, Herbert Heere, Anna Lena und Astrid Kranich, Lena und Carola Halfpap, Fa. Bense.

## Hochzeitslocation

Wir danken dem Schloss Ahrensburg und der Stadtverwaltung Hardegsen für ihre freundliche Unterstützung bei der Produktion dieses Buches. Schloss Ahrensburg sowie die Stadtverwaltung Hardegsen bieten Interessenten die Möglichkeit, sowohl die standesamtliche Trauung als auch die Hochzeitsfeier im historischen Rahmen abzuhalten.

### Schloss Ahrensburg

Schloss Ahrensburg
Lübecker Straße 1
22926 Ahrensburg
Telefon 04102-42510

### Burg Hardegsen

Standesamt Hardegsen
Vor dem Tore 1
37181 Hardegsen
Telefon 05505-50330

### Blumenschmuck

Blumenhaus Suck
Uetersener Straße 9
25436 Tornesch

## Herstellernachweis

Wir danken folgenden Firmen für Ihre freundliche Unterstützung :

### Geschirr:

Villeroy & Boch AG
Postfach 100027
66652 Merzig

SKW Arzberg
Fabrikweg 41
95706 Schirnding

### Dekomaterialien:

Rayher Hobbykunst
Postfach 1462
88464 Laupheim

Knorr Hobby GmbH
Bamberger Straße 21
96215 Lichtenfels

### Holzaccessoires:

Max Liebich Holzwaren GmbH
Postfach 1229
94202 Regen

### Möbel:

Car Selbstbaumöbel
Ellerbrookskamp 4
22397 Hamburg

### Perlen:

Gütermann AG
Landstraße 1
79261 Gutach-Breisgau

### Glas:

Glaskoch
Industriegebiet Herste
Postfach 1354
33014 Bad Driburg

### Naturpapier:

Pulsar Naturpapiere GmbH
P.O.Box 10 20 08
63266 Dreieich

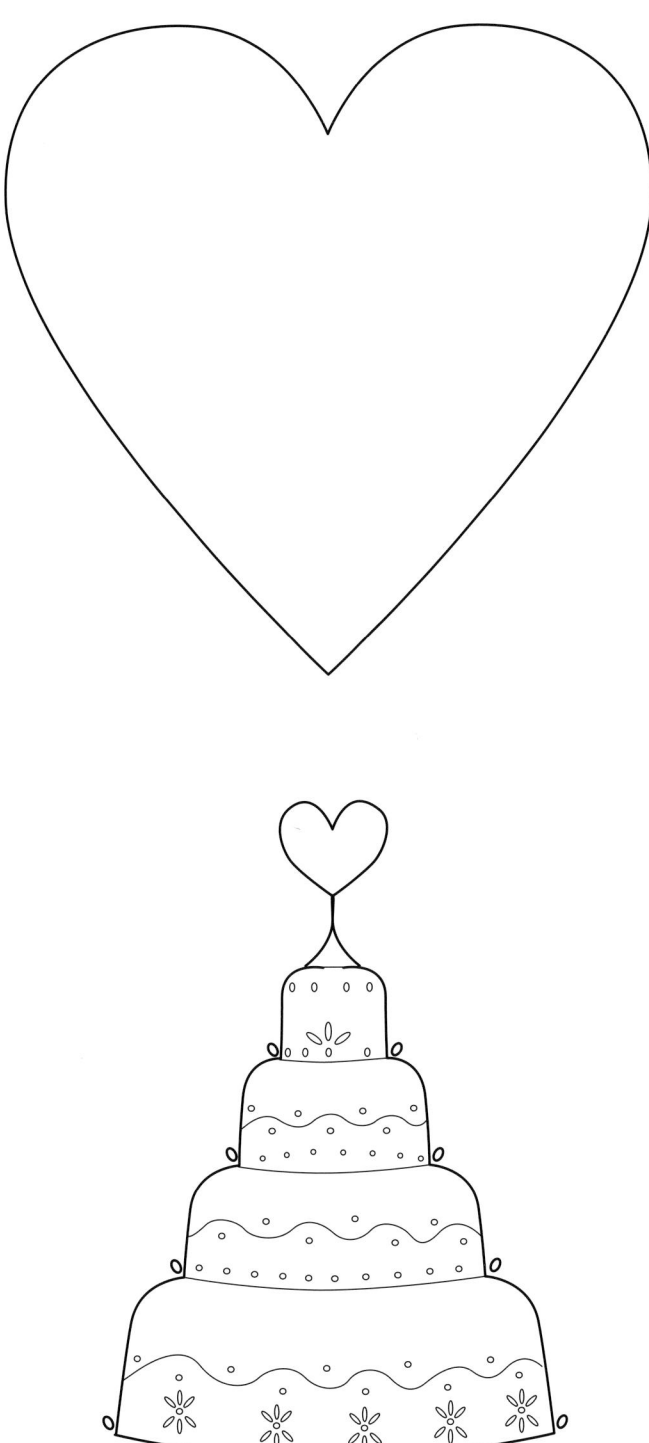

# A B C D E
# F G H I J K
# L M N O P
# Q R S T U
# V W

A B C D E

F G H I J

K L M N O

P Q R S T U

V W X Y Z

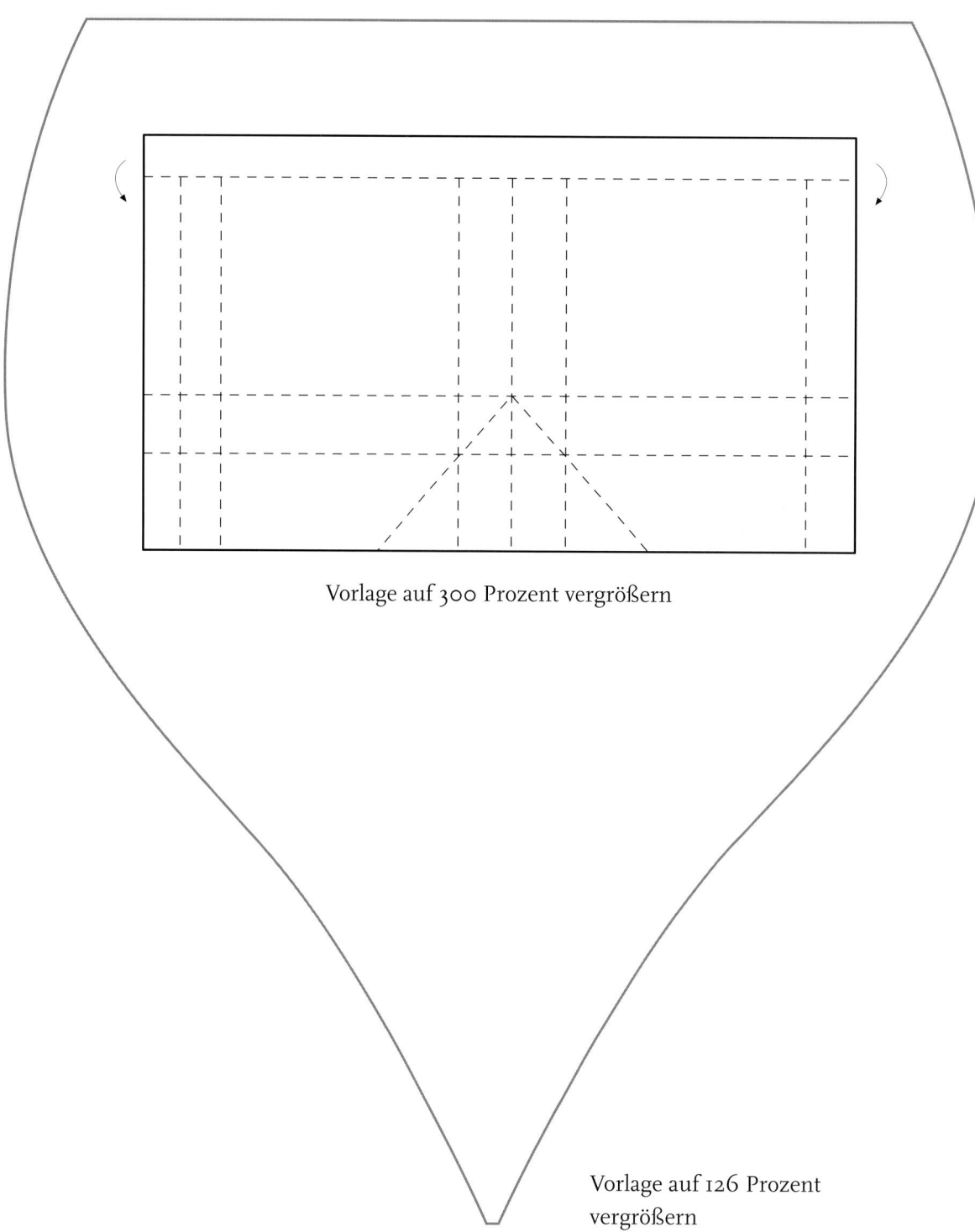

Vorlage auf 300 Prozent vergrößern

Vorlage auf 126 Prozent
vergrößern

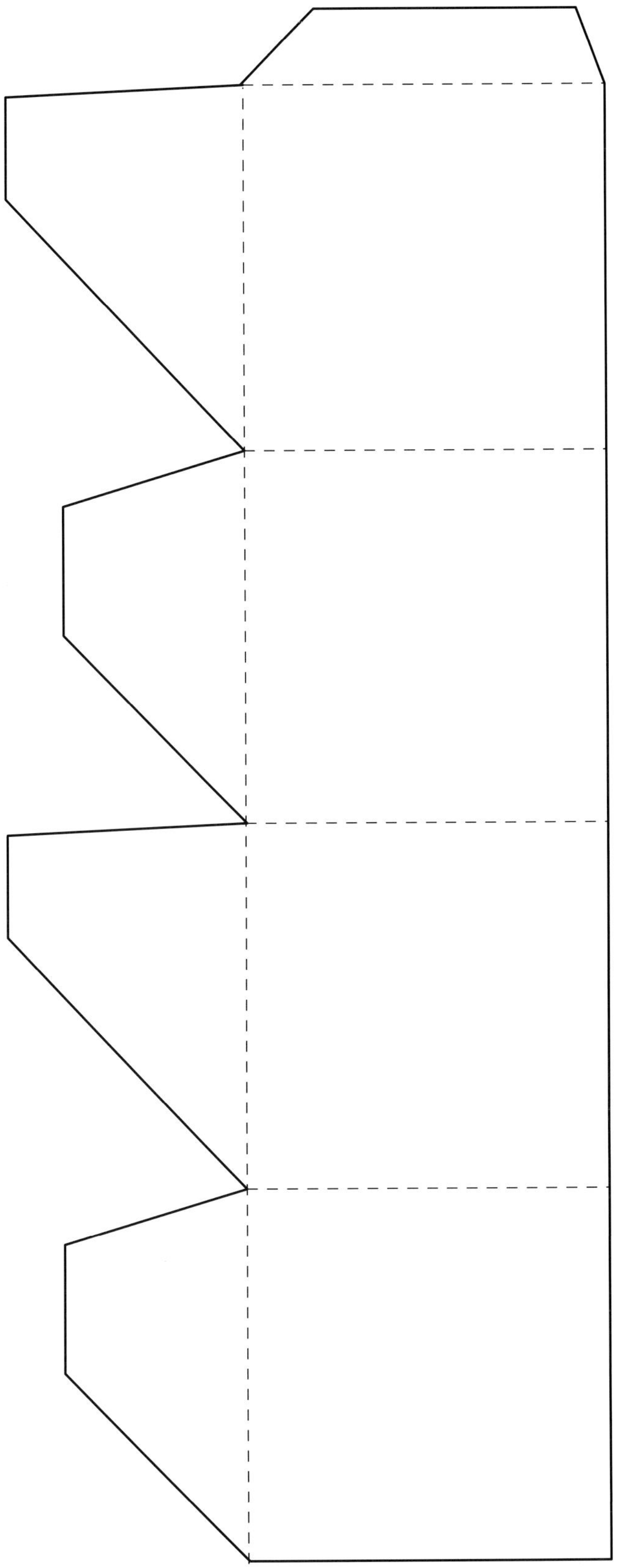

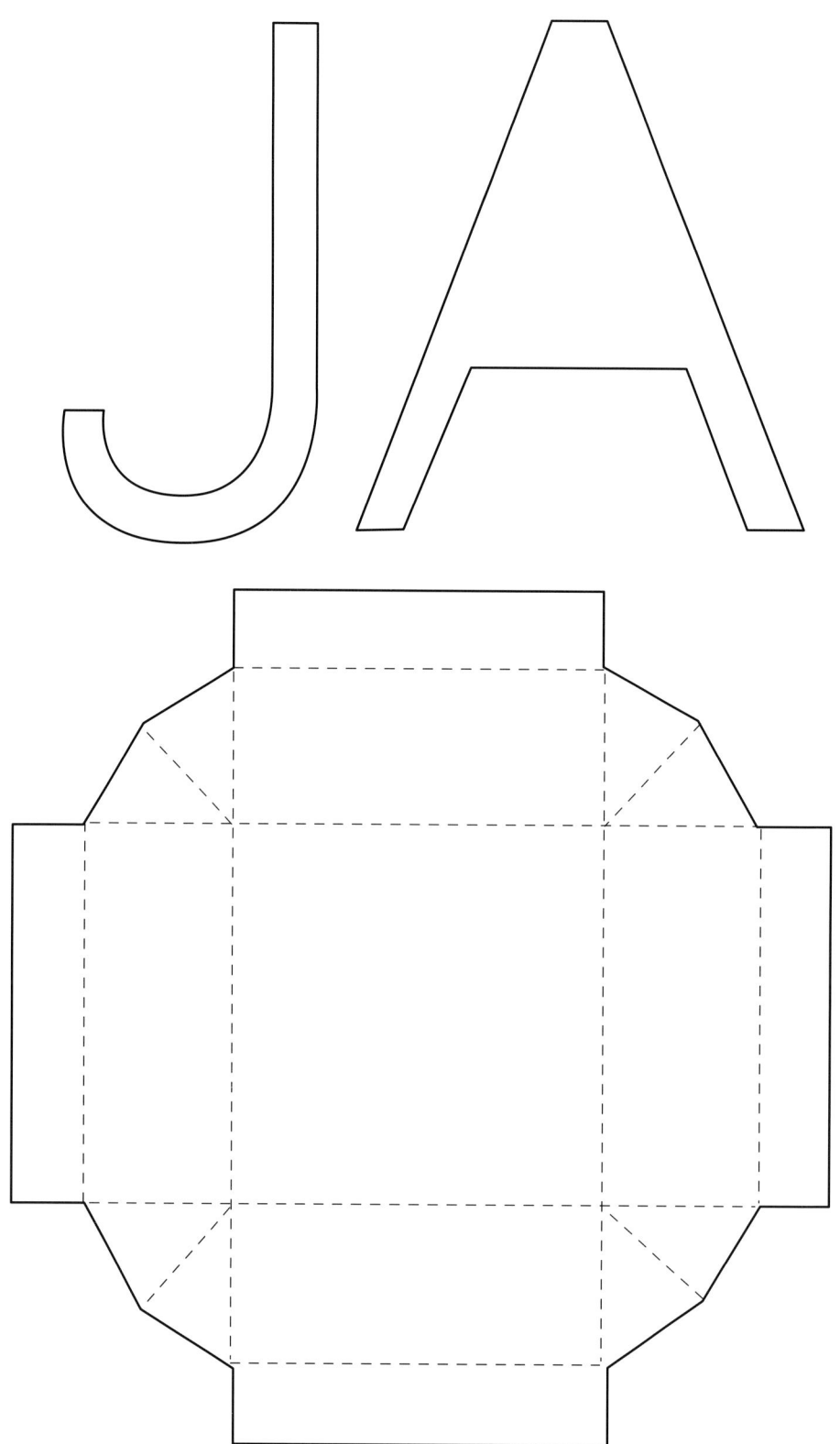

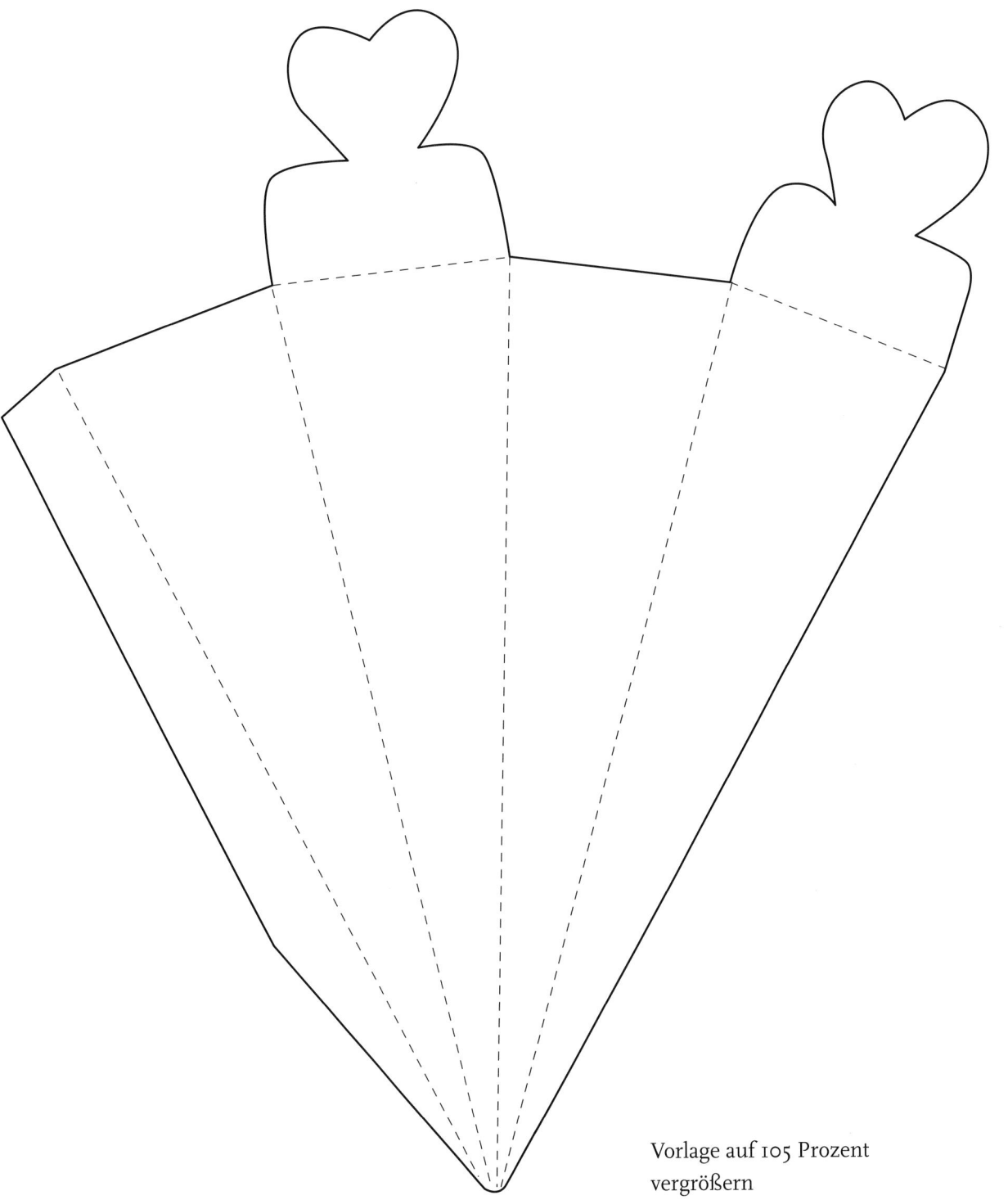

Vorlage auf 105 Prozent
vergrößern

Bibliografische Information
Der Deutschen Bibliothek
Die Deutsche Bibliothek verzeichnet diese Publikation in der Deutschen Nationalbibliografie; detaillierte bibliografische Daten sind im Internet über http://dnb.ddb.de abrufbar.

Urania Verlag
in der Verlagsgruppe Dornier GmbH
Postfach 80 06 69, 70506 Stuttgart


www.urania-verlag.de
www.verlagsgruppe-dornier.de


© 2003 Urania Verlag, Stuttgart
in der Verlagsgruppe Dornier GmbH
Alle Rechte vorbehalten

Umschlaggestaltung:
P. Agentur für Markengestaltung, Hamburg
Fotos: Markus Hertrich, Hamburg
Produktion: Susanne Helmold
Produktionsassistenz: Dorthia Ehlers
Lektorat: Claudia Huboi
Zeichnungen: Martin Schulze, Berlin

Gestaltung und Layout:

Berliner Buchwerkstatt, Ulrike Sindlinger
Printed in Germany

ISBN 3-332-01392-0
ISBN 978-3-332-01392-4

# Klasse Kniffe für Servietten

Claudia Andreani
**Serviettendekorationen
für jeden Anlass**
64 Seiten
120 farbige Abbildungen
Hardcover
19 x 26 cm
€ (D) 12,90
sFr 23,90
€ (A) 13,30
ISBN 3-332-01489-7

*Das Auge isst mit – und passend in Szene gesetzte Servietten sind nach wie vor das A und O eines schön gedeckten Tischs. Wie es geht, zeigt dieses Buch: Zur Einstimung gibt es einfachste Ideen für Eilige. Sodann folgen Faltungen für jede Gelegenheit und für festliche Tafeln. Darüber hinaus erhalten Sie zahlreiche Anregungen für „gefüllte Servietten" – ob mit Besteck, Blumen oder kleinen Snacks und Tischkarten. Und all diejenigen, die nicht genug bekommen können, finden außerdem schöne Ideen für Serviettenringe aus verschiedensten Materialien. Ausführliche Schritt-für-Schritt-Fotos und anschauliche Erklärungen machen das Nachfalten auch komplizierter Kreationen ganz einfach.*

In allen Buchhandlungen erhältlich,
oder bestellen Sie direkt beim Verlag:
Tel. 07 11 / 7 88 03 - 14
Fax 07 11 / 7 88 03 - 10
E-Mail service@verlagsgruppe-dornier.de

_D_er schönste Tag im Leben soll auch als solcher in Erinnerung bleiben. Wir arrangieren Ihr Hochzeitsfest zum unvergeßlichen Erlebnis für Sie und Ihre Gäste – zu einem Fest voller Charme und Persönlichkeit!

Mit Liebe zu außergewöhnlichen Locations, dem richtigen Gespür für den Moment und viel Freude an der Auswahl harmonisch aufeinander abgestimmter Details inszenieren wir in perfekter Planung und Organisation Ihre Hochzeit.

Von der Auswahl der Location über Einladung, Catering, Performance, Decoration und zahlreichen Special Services bis hin zum Zeremonienmeister, oder auch nur Teilbereiche. Mit persönlicher Beratung von Anfang an....

## l'arrangement
### Atelier für glanzvolle Feste

**l'arrangement Bettina Funke-Redlich**
Kahlertstraße 18 · 64293 Darmstadt · Telefon 0 61 51/ 5 01 22 10 · Telefax 0 61 51/ 5 01 22 11 · Mobil 01 73/ 6 74 08 94
E-Mail: info@larrangement.de · Internet: www.larrangement.de

# Unsere Idee für Ihre Hochzeit:
# Service nach Maß, Freiheit grenzenlos.

Was gibt es Besseres für Ihre Hochzeit als ein schönes Hotel?

Ein eigenes Schloss! Ein Schloss mit großzügigen Räumen, Festsaal und „Pferdestall". Das Schlossgut Gross Schwansee steht in direkter Nähe zur Ostsee und stammt aus dem Jahr 1745. Es beherbergte im Laufe der Jahrhunderte viele renommierte Persönlichkeiten.

Die umfangreichen Restaurationsmaßnahmen der letzten zwei Jahre brachten die Eleganz und Tradition des Gebäudes wieder ans Tageslicht. Mit dem Jahr 2002 können Sie das Schlossgut Gross Schwansee erstmals exklusiv als Location für Ihre Hochzeit nutzen. Es ist auch deshalb einzigartig, weil sich zur Vorbereitung Ihres schönsten Tages zwei Möglichkeiten bieten. Entweder bekommen Sie auf Wunsch jede Serviceleistung vom Catering bis hin zur Technik oder Sie erhalten völlige Freiheit in der Planung. Wir nennen es: Das Hotel ohne die Nachteile eines Hotels.

schlossgut gross schwansee

Am Park 1   D-23942 Gross Schwansee
Tel: +49 (0) 3 88 27-88 48-0   www.schwansee.de